唐宋八大家 的故事

下册

李道英—著

长江出版传媒　长江文艺出版社

目　录

苏洵：以一介布衣之士演北宋文坛传奇

落拓不羁的青年时期 / 003

自焚文稿数百篇 / 004

老泉并非苏洵号 / 006

勉夫教子贤内助 / 008

得指点再游京师 / 010

雷简夫三荐苏洵 / 011

名动京师 / 013

婉拒舍人院考试 / 015

人生知己欧阳修 / 016

名二子用心良苦 / 020

一生交恶王安石 / 022

纵论六国警当世 / 025

风水为喻论作文 / 027

王安石：充满争议、无所畏惧的改革家

不平凡的青年时期 / 033

不求调任京官 / 034

上仁宗皇帝万言书 / 035

郁闷的英宗之世 / 037

初得神宗信任 / 039

主持熙宁变法 / 040

排斥异己的铁腕人物 / 042

罢相和复相 / 043

用人之失 / 045

知错能改 / 048

爱子之死 / 049

与曾巩之恩怨 / 051

与政敌司马光 / 053

与尊师欧阳修 / 055

忘年知己王令 / 057

颁行《三经新义》/ 059

痛惜神童伤仲永 / 060

同病相怜咏明妃 / 061

荣膺雅号"野狐精" / 063

精深简淡"半山体" / 066

炼一"绿"字长精神 / 068

八股文之祖师 / 070

"自奉至俭"惹争议 / 072

苏轼：历经仕途坎坷，一蓑烟雨任平生

少年英才 / 079

金榜题名 / 080

王氏姐妹 / 082

爱妾朝云 / 084

上书神宗批新法 / 085

修筑西湖苏公堤 / 088

身先士卒抗洪灾 / 089

乌台诗案 / 091

一场虚惊 / 093

不思悔改 / 095

两次误传 / 096

筑室东坡 / 098

苦读《汉书》/ 100

最早的猪肉广告 / 101

一蓑烟雨任平生 / 102

泛舟赤壁抒情怀 / 104

铜琶铁板唱大江 / 106

"三白"故事 / 109

夹缝求生 / 110

苏王金陵相会 / 113

惠州四年 / 115

两代文坛盟主 / 117

兄弟情深 / 119

善谑三则 / 121

兹游奇绝冠平生 / 123

阳羡赠屋 / 125

爱才若渴奖后进 / 127

诗中理趣 / 130

崇尚自然反雷同 / 132

文星陨落天地泣 / 134

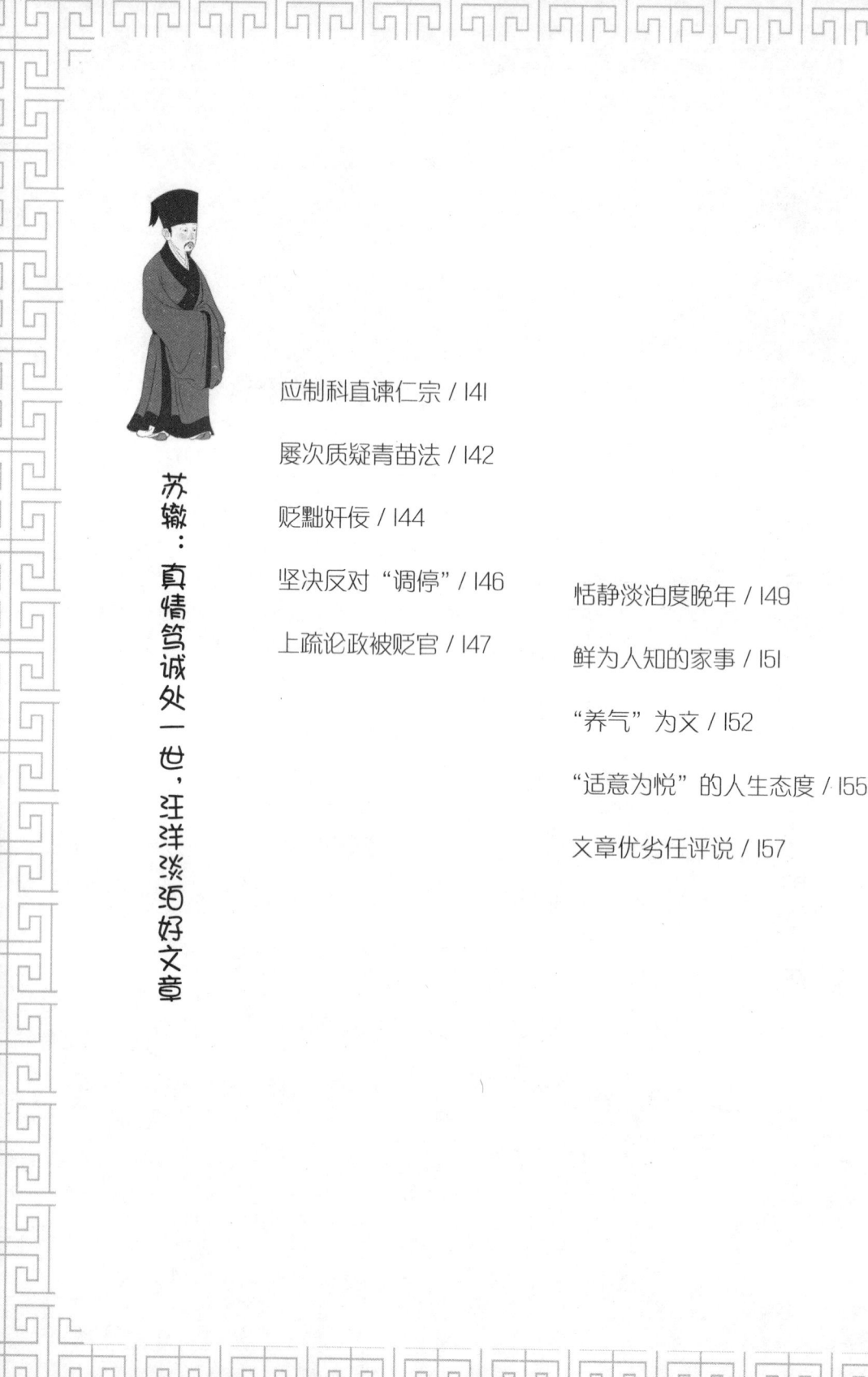

苏辙：真情笃诚处一世，汪洋淡泊好文章

应制科直谏仁宗 / 141

屡次质疑青苗法 / 142

贬黜奸佞 / 144

坚决反对"调停" / 146

上疏论政被贬官 / 147

恬静淡泊度晚年 / 149

鲜为人知的家事 / 151

"养气"为文 / 152

"适意为悦"的人生态度 / 155

文章优劣任评说 / 157

苏洵：
以一介布衣之士演北宋文坛传奇

青年时期，落拓鞍马间，不走寻常路；二十七岁，发愤读书，遂通经史百家；仁宗年间，携二子至京师，一时之间，"三苏"名动京城。"一门父子三词客"，大器晚成的苏洵，本身就是一个传奇。

落拓不羁的青年时期

苏洵出生在一个"三世皆不显"的地主家庭。其曾祖父苏祐、祖父苏杲（gǎo）、父亲苏序，均未做官从政。然而，这个家庭却是世代书香门第。苏洵的祖籍是栾城（今河北栾城），其祖上因在四川做官而移家于眉州，祖上世代仁义，在乡里有很好的声誉。

苏洵兄弟三人，大哥苏澹（dàn）、二哥苏涣（huàn），均以文学举进士，独苏洵不喜读书。从七八岁开始，他稍知读书，先后学习句读（dòu）、属对（对仗）、声律，但都是未学成而废弃。长大之后，到处游历，颇似李白的任侠和杜甫的壮游，落拓于鞍马之间。十八岁与妻程氏结婚，婚后依然如故。程氏见其到处游荡不学，心中不乐，但口中不说。而其父苏序对其是听之任之。乡里亲族看到这种情况，都觉得十分奇怪。问苏序为什么如此放纵儿子，苏序笑着回答说："非尔所知也。"即是说，个中缘由，不是你们所能理解的。而苏洵依旧我行我素。

到二十五岁左右，苏洵"始知读书，从士君子游"，即开始和一些知识分子交往，但仍然不够专心。用他自己的话说："年既已晚，而又不刻意（克制自己的意欲）厉行（磨砺自己的德行），以古人自期，而视与己同列者，皆不胜己，则遂以为可矣。"（《上欧阳内翰第一书》）对自己要求不高，又看与自己交往的哥们儿都不比自己强，觉得自己也算过得去了。但后来，"困益甚"，感觉不认真学习，遇到的困惑事越来越多，加之已为人父（大儿子苏景先出生），"年二十七始大发愤，谢（谢绝）其素（平时）所往来少年，闭户读书为文辞"。

苏洵开始发愤读书。据司马光《程夫人墓志铭》载：苏洵"一旦慨

然谓夫人曰：'吾自视，今犹可学。然家待我而生（家里等我来维持生计），学且废生，奈何？'夫人曰：'我欲言之久矣，恶（wū，为何）使子为因我而学者！子若有志，以生累我可也（家里的生计累我就可以了）。'"程氏夫人一个人承担起全家生计，让苏洵专心致志地学习。从此，苏洵正式结束了他落拓不羁的生活，开始了刻苦读书、勤于思考、磨砺文章、求取功名的新时期。

苏洵虽在鞍马间游历多年，耽误了时日，但他的任侠和壮游，也使他丰富了阅历，更多地了解和认识社会，这对他后来的写作和成为著名的文学家，都起到了积极的作用。而苏洵大器晚成的事实也告诉我们：一个人的努力，无论从何时起步都为时不晚。

自焚文稿数百篇

苏洵年二十七，始闭门谢客，发愤读书，撰写文章。宋仁宗景祐四年（1037），苏洵东出三峡，赴汴京参加进士考试。宝元元年（1038），而立之年的苏洵考进士落第，后又越秦岭西归眉州。此后数年，苏洵一边读书著文，一边进行广泛的社交活动。宝元二年（1039），与知眉州董储交游，与陈公美交游；庆历四年（1044），居青城白云山，与处士张俞交游；庆历五年（1045），苏洵与史彦辅同游京师，并与颜醇之等交游；庆历六年（1046）六月，苏洵参加朝廷的制科（茂才异等科）考试，又落第；庆历七年（1047），苏洵从洛阳、嵩山前往庐山，与讷禅师、景福顺长老等交游，又南游虔州（今江西赣县），观白居易墨迹，与钟子翼兄弟交游。同年七月，其父苏序病逝，遂匆匆返回眉州居丧。

苏洵读书著文，广于交游，但屡试不第。一日翻览旧文，突然站起来说：“吾今之学，乃犹未学之学而已。”觉得自己今日所学，跟没有学也差不多。遂取所为文数百篇付之一炬，觉得连科举都考不中的文章都是无用之废物。从此谢绝宾朋，闭门读书，绝笔不写文章达五六年之久。"乃大究六经、百家之说，以考质古今治乱成败、圣贤穷达出处之际，得其精粹，涵畜充溢，抑而不发。久之，慨然曰：'可矣！'由是下笔顷刻数千言，其纵横上下，出入驰骤，必造于深微而后止。"（欧阳修《故霸州文安县主簿苏君墓志铭并序》）由于他多年苦心阅读，认真揣摩，厚积薄发，故能下笔千言，文章精微，并且也自此绝意于功名，而深入进行学术研究。他除读儒家经典外，兼取法家和纵横家之说。他关心现实，尤其关心军事问题，其所著文章"大抵兵谋、权利、机变之言"（王安石语），在当时确有离经叛道之意。

苏洵自己绝意于仕宦功名之后，也把相当大一部分精力用于悉心栽培自己的两个儿子（苏轼、苏辙）上，教导他们如何做人，指点他们如何作文，使两个儿子学业大进。宋仁宗嘉祐元年（1056），年近五十的苏洵携其二子赴京师。他将自己的文章呈送给翰林学士欧阳修，得欧阳修赏识，并为之延誉，将其文章上呈朝廷。一时，其文在士大夫中广为传诵。嘉祐二年（1057），欧阳修知贡举，苏轼、苏辙同榜高中，"父子隐然名动京师，而苏氏文章遂擅天下"。

苏洵文章自成风格，不仅影响了两个儿子，而且对当时文风也产生了一定影响。苏洵不仅自己占据了唐宋八大家中的一席，并且还为老苏家争得八席中的另外两席，成就斐然。

老泉并非苏洵号

苏洵,字明允,与其二子苏轼、苏辙合称"三苏"。为区别起见,人称苏洵为老苏,苏轼为大苏或长公(大公子),苏辙为小苏或次公(次公子)。然从宋代起,就有人说苏洵号"老泉",如南宋时郎煜注苏洵文即称《郎注苏老泉文集》。其中有"老泉率二子抵京师""老泉能见知于韩(琦)、富(弼),而官不过主簿"之语;南宋时陆象山也称苏洵为"老泉"。后世沿袭,像马端临、杨慎这样的大学者也都认为"老泉"是苏洵的别号,还有人将苏洵的《嘉祐集》改为《老泉集》,就连茅坤也把《唐宋八大家文钞》中的苏洵文集称为《老泉文钞》。至于三苏祠里各代所撰之"记",如赵渊的《三苏祠记》、朱嘉徵的《三苏祠记》、何绍基的《三苏祠》等均持此说。此说影响极广,以致民间对苏洵不甚了了的人都知道苏轼他爹叫苏老泉。至今,学术界一些学人在其学术著作中也还说"苏洵,字明允,号老泉"。可见,称"老泉"为苏洵之号,由来已久,且根深蒂固。

然而这确是一个极大的误会,是父用子号的"乱点鸳鸯谱"式的大笑话。

其实,老泉并非苏洵的号,而是苏轼晚年所用之号。和苏轼同时代的词人叶梦得在其《石林燕语》中就明确记载:"苏子瞻谪黄州,号东坡居士,其所居地也。晚又号老泉山人,以眉山先茔(祖坟)有老翁泉,故云。"王恽(yùn)的《玉堂嘉话》也称苏轼在宋哲宗元祐年间所撰《上清储祥宫碑》,落款即是"老泉撰"。另外,《笔乘续》卷六记焦弱侯家藏苏轼墨迹有"东坡居士老泉山人"图书证;戚牧的《牧羊庵笔记》

有《东坡别号》云:"苏轼字子瞻,号东坡居士,尽人皆知;又字子平,知者已少。至老泉居士,则皆以为乃父明允先生,其实老泉亦东坡之别字也。原版《晚香堂贴》尾有东坡、老泉二印,钤(qián,盖印)苏轼名下……"这一切都说明:"老泉"确属苏轼的号(或字)。

从现存可靠的文献与和苏洵同时代的人给他所写传记、碑志和挽词等也可印证:"老泉"不是苏洵的号。脱脱所撰《宋史·苏洵传》,只写"苏洵字明允";苏洵常叹曰:"知我者惟吾父与欧阳公也。"而欧阳修在为其所撰的《墓志铭》中未提及他有"老泉"之号,只说"以其父子俱知名,故号老苏以别之",欧阳修绝不可能不知他有无"老泉"之号。当年力劝苏洵游京师并先以书信告知欧阳修的益州知州张方平,在其为苏洵所撰的《文安先生墓表》中,亦未提及他有"老泉"之号;同为唐宋八大家之一的曾巩,在《苏明允哀词》中也未提及此号;其他同时代人赵概、曾公亮、韩琦、苏颂、姚辟、章望之等所题哀词,或称"老苏",或称"苏员外",而无一人称"老泉"或提及"老泉"二字。可见,时人并不知苏洵有"老泉"一号。

此外,苏轼、苏辙两兄弟的现有文集中也未提及其父有"老泉"之号。相反,苏轼曾得钟山泉公书,寄诗为谢曰:"宝公骨冷唤不闻,却有老泉未唤人。"若苏洵号为"老泉",苏轼敢在给僧人泉公的诗中称"老泉"吗?苏辙在《祭子瞻文》中,有"老泉之山,归骨其旁"。苏辙再不孝,也不至于在祭兄文中直呼其父之号!苏洵有无"老泉"之号,两个儿子不可能不清楚;假如苏洵真有"老泉"之号,儿子们大概还不至于如此大逆不道。

那么,苏洵何以会有"老泉"这个名号呢?后人没有实据,只有一些推测:叶梦得《石林燕语》云,欧阳修作苏洵《墓志铭》,称其为"老苏",故疑是后人因有一"老"字而将"老泉"加到了苏洵头上。此说很勉强，因为欧阳修讲得很明白，不可能引起人们误解。清人袁枚在《随园诗话》卷十五中认为，今人多指"老泉"为苏洵之称，"盖误于梅都官有《老泉》诗也"。意思是说是因为梅尧臣有《题老人泉寄苏明允》一诗，所以人们就误以为"老泉"是苏洵之号。此说也只是无据推测而已。梅尧臣的诗今尚存，诗云："泉上有老人，隐见不可常。苏子居其间，饮水乐未央（乐不止）……方今天子圣，无滞彼泉旁。"看来此诗的主旨是劝苏洵不要留恋家乡老人泉旁的逍遥生活，当今皇上圣明，应该出来为朝廷出力，而毫无称苏洵为"老泉"之意。可见，这些名家的推测也无多少说服力，苏洵何时、因何称"老泉"，至今仍无确证。

既然苏洵的两个儿子和他同时代的人都不知他有"老泉"的名号，也从未以"老泉"称他，所以苏洵无此名号是显而易见的；苏轼晚年又号（字）"老泉山人"，证据确凿。因此，这个父冒子号的玩笑看来是早该收场了。

勉夫教子贤内助

苏洵之妻程氏，四川眉山人，大理寺丞程文应之女，十八岁嫁给苏洵。当时程氏富足而苏氏极贫，但程夫人孝恭勤俭，没有丝毫以娘家富有而骄矜之处，族人均以之为贤。有人劝程夫人：你娘家富有，父母又爱你，只要你开口求助，他们会有求必应，你何必过这种苦日子而不向父母开口呢？程夫人回答说：我开口求父母资助，并无不可，但若因此让外人说我丈夫为养活妻子而求于人，那该怎么办呢？为避免外人说苏洵靠老婆娘家过活（今之所谓"吃软饭"）而有损苏洵声誉，程夫人始终未求娘家资助。时苏洵落拓不羁，游荡不学，程夫人虽心中不乐，但从不出言指责。家中有公婆在堂，年老而性格严苛，但程夫人皆顺随其意，公婆看见她就高兴，家庭关系非常和睦。

苏洵年二十七，一天，慨然对程夫人说："吾自视，今犹可学。然家待我而生，学且废生，奈何？"程夫人一听苏洵下决心学习，内心十分高兴，于是对苏洵说："我欲言之久矣，恶使子为因我而学者！子若有志，以生累我可也。"程夫人随即取出自己服饰器玩等私房物品变卖以主持家中经济生活。有了这样的贤内助，苏洵得以专心致志读书著文。

程夫人不但善于治家，勉励丈夫苦学，而且更善于教子。程夫人出身于官宦之家，从小喜读书，识大义。由于苏洵忙于自己的事情，所以苏轼、苏辙幼年的启蒙教育，均由程夫人承担。她不但教二子读书识字，还对他们进行励志教育，不时告诫二子读书不能只求个人名利，常用古人的名节来激励儿子："汝果能死直道，吾无戚也。"就是说，你们如果为坚守直道正义而死，我不会有悲伤。所以，苏轼、苏辙能学业有成，同榜考中进士，程夫人实在是功不可没。

由于程夫人善于治家，苏氏家业大振，日渐富足，智识高远的程夫人叹曰："是岂所谓福哉！不已，且愚吾子孙。"她认为财富多不见得是福，如果只是不停地攒钱，将会贻患于子孙。于是，她便开始做慈善事业：凡家族和亲属中有孤穷者，全都帮他们男婚女嫁，振兴家业；同乡人有急需，她也及时周济。由于她的乐善好施，到她四十八岁去世时，苏家已无一年之储（积蓄）。

程夫人共生六个子女，长子景先及三个女儿皆早夭，成人而又成名者唯苏轼、苏辙兄弟。程氏虽年命不永，但对苏家的贡献可谓多矣。司马光在为程夫人写的墓志铭中说："妇人柔顺足以睦其族，智能足以齐其家，斯已贤矣；况如夫人，能开发辅导其夫、子，使皆以文学显重于天下，非识虑高绝，能如是乎？古之人称有国有家者，其兴衰无不本于闺门。今以夫人益见古人之可信也。"不但充分肯定了程夫人之贤达和智识，而且也道出了老苏家的振兴、三苏之能名震天下，"本于闺门"是重要原因之一。用今天的话说：老苏家的这块"军功章"，有苏洵一半，也有程夫人一半。司马光最后在铭文中说："贫不以污其夫之名，富不以为其子之累，知力学可以显其门，而直道可以荣于世。勉夫教子，底于光大……"这是对程夫人的公允评价。

苏洵之所以能够大器晚成，三苏之所以能名重于世，程夫人起到了至关重要的作用。苏洵娶程氏为妻，实在是他的幸运。程氏成全了三苏，造就了旷古少有的文学世家，这也可以说是国人的幸运。

得指点再游京师

苏洵屡次科场失意之后，一气之下焚烧已写的数百篇文章，不写文章达五六年之久。潜心读书，揣摩文章，教育两个儿子，颇有倦游之意，年逾四旬，隐居不仕。

张方平，字安道，号乐全居士，时任益州（今四川成都）知州，终日想蜀地能有"高贤奇士"出现。有人向他推荐说："勿谓蜀无人，有人焉。眉山处士苏洵，其人也。"张方平进一步询问苏洵之为人，荐者回答说："苏君隐居以求其志，行义以达其道。"然其"行而未成"，他不求于人，所以人们不了解他。"公不礼士，士莫至；公有思见之意，宜来。"就是说，知州大人若有意见他，并待之以礼，他应该会来。张方平推荐苏洵为成都学官，苏洵上书致谢，并拜谒了张方平。

张方平见到苏洵，观其人，听其言，知他见识广博。接着，苏洵将其所著《权书》《衡论》交给张方平。张方平看后，大为赏识，认为他的文章"如大云之出于山，忽布无方，倏（shū）散无余；如大川之滔滔，东至于海源也。委迤（yí）其无间断也"。因而对苏洵说：《左传》《国语》，司马迁的《史记》善叙事，贾谊善于阐明王道，你苏洵的文章兼而有之。我们蜀川地处偏远，不足以成就你的名声。你何不去游京师？苏洵听了张方平的话，觉得很有道理，于是决定再游京师。

嘉祐元年（1056）三月，苏洵将游京师，携二子到益州去与张方平道别。张方平得以见到苏轼、苏辙和他们的文章。苏洵问张方平：我这两个儿子求乡举（乡贡）是不是可以。张方平粗看了二人的文章，对苏洵说：这两个孩子从乡举，就好比骑千里马在小胡同里转。朝廷设六科以取天下英俊。这两个孩子参加六科之选，都用不着使他们的全部才力。苏洵虽谦虚地对张方平说，以后再作打算，实际上心中已经有底，于是遂携二子入京，参加进士考试。

张方平不愧为知人之人，称之为伯乐亦无不可。苏氏父子之所以能走出偏远的眉山，走入京城，名动京师，驰骋文坛，张方平的作用不可小视！

雷简夫三荐苏洵

雷简夫，字太简，早年隐居不仕，后得杜衍引荐，由秘书省校书郎升任雅州（今四川雅安）知州，乃当时铮铮之士。仁宗至和二年（1055），四十七岁的苏洵曾携其文访雷简夫于雅州。简夫阅其文，大为赞赏，但念及自己地处偏远，"道不著，位甚卑，言不为时所信重，无以发洵之迹（无法让苏洵显名于世）"。于是三上书求有力者以助苏洵。

苏洵是眉州人，眉州当时属益州管辖，而雅州距眉州有数百里之遥，所以雷简夫首先写信，荐苏洵于益州知州张方平，在《上张文定书》中，开头就说："简夫近见眉州苏洵著述文字，其间如《洪范论》，真王佐才也；《史论》，真良史才也。岂惟西南之秀，乃天下之奇才耳。"他认为苏洵有做宰辅之臣的条件，又有成为好的史学家的才干；不但是西南地区出类拔萃之人，而且是"天下之奇才"，给予苏洵以极高的评价。接着又指出：张方平既然答应让苏洵出任成都学官，又迟迟不让苏洵上任就职，原因就在于，张方平之意，不只是要给苏洵一个学官；而苏洵期待于张方平的，也不只是一个学官，双方都"各有所待"。但是总不能让苏洵无限期地等待。他引用唐代萧昕引荐张镐（玄宗时宰相）时所说过的话："用之则为帝王师，不用则幽谷一叟耳。"即是说，若及时起用，他可成为帝王之师；若不及时起用，他只不过是偏远山谷间的一个老头子而已。所以他恳切地劝张方平，不但要引荐苏洵，并且要"至于再，至于三"。爱才之意，溢于言表。

仁宗嘉祐元年（1056），雷简夫又先后致书韩琦和欧阳修，力荐苏洵。在《上韩忠献书》中，雷简夫把苏洵比作敢于直议当世之事的尹师鲁，并说自己"读其《洪范论》，知有王佐才；《史论》得迁（司马迁）史笔；《权书》十篇，讥时之弊；《审势》《审敌》《审备》三篇，皇皇有忧天下心"。并说，"师鲁不再生，孰与洵抗耶？"尹师鲁若不再复生，天下还有谁能和苏洵抗衡？雷简夫又告诉韩琦，我已对苏洵说："如子之文，异日当求知于韩公，然后决不埋没矣。"在向韩琦介绍了苏洵性格和屡试不第、"今已无意"的经历后，又告诉韩琦，苏洵将带二子入京谋参加秋天的进士考试，切望韩琦对其多加"奖进"。在《上欧阳内翰书》中，他向欧阳修讲述了张方平和他自己读苏洵文章的感受："张益州一见其文，叹曰：'司马迁死矣，非子吾谁与？'"他自己也认为苏洵有"王佐才"。接着又说：我本人无力让苏洵摆脱目前的贫贱地位，但这不能责怪我；如果我了解苏洵而不如实告诉别人，那就是我的罪过了。您"职在翰林，以文章忠义为天下师，洵之穷达宜在执事"，意思是说，您德高望重，又有权力，苏洵的事就靠您了。最后又说：过去您不知道苏洵，天下没有人责怪您；现在我写信告诉了您，而苏洵也马上到京城见您。"今而后天下将以洵累执事矣"，言下之意即是说，关于苏洵的事，今后天下人就都劳您费心了。言辞之恳切，令人动容。

雷简夫与苏洵非亲非故，只是一面之交，读其文，见其人，知其才华志向，出于为国得人才的公心，一再举荐苏洵，其用意和行动都令人肃然起敬。而从雷简夫的三荐之中，人们也足可认识到苏洵确为难得之人才。

名动京师

苏洵接受了益州知州张方平的规劝，于宋仁宗嘉祐元年（1056）三月在成都与张方平辞别，率二子前往京师。父子三人北经阆（làng）中、褒斜，到达长安；后又东出关中，经河南的渑池，于五月到达汴京。但天公不作美，时因京城连日大雨成灾，所以未能立即见到欧阳修、韩琦等人。

由于此前张方平和雷简夫等先后致信欧阳修和韩琦，竭力举荐，已为苏洵在京师的活动做了相当充分的铺垫，所以苏洵在京自有一些方便之处。苏洵到京后虽未能立即见到他最渴望见到的欧阳修，但他并未气馁，更未闲着，而是展开了相当频繁的社交活动。先后写了《上欧阳内翰第一书》《上欧阳内翰第二书》，《上韩（琦）枢密书》《上富（弼）丞相书》，以及《上文（彦博）丞相书》《上田（况）枢密书》等，与京师的主要当权者进行了广泛的联系，以扩大影响，求知于人。他还将自己的文章转送给欧阳修，欧阳修认为他的《六经论》是"荀卿之文也"。对欧阳修认为他的文章有荀子之风，苏洵确感受宠若惊。

苏洵于此年秋后终于见到了他所崇拜的偶像人物欧阳修。欧阳修见到苏洵，与之交谈，大为惊叹，觉得自己从未见过这么杰出的人物。他对苏洵说："吾阅（见过的）文人多矣，独喜尹师鲁、石守道（石介），然意犹所未足。今见子之文，吾意足矣。"（邵博《闻见后录》）欧阳修的盛赞，使苏洵对自己的文章更加自信。欧阳修不仅热情接待了苏洵，将他的《权书》《衡论》《机策》等文章上呈朝廷，还向仁宗上了《荐布衣苏洵状》，极力称赞他"履行淳固，性识明达""文行久为乡间所称，而守道安贫，不营仕进"，称其文章"不为空言而期于有用""辞辩闳（hóng）伟，博于古而宜于今"。苏洵名气始大，"一时后生学者皆尊其贤，学其文，以为师法"。时已任宰相的韩琦也接待了苏洵，并和他议论天下大事，韩琦认为他对时局颇有见识，"贾谊不能过也"。由于得到韩琦、欧阳修在政见和文章两方面的称颂，苏洵更是名声大噪。

嘉祐二年（1057），欧阳修主持进士考试，激赏苏轼、苏辙的文章，二人同时金榜题名。这一下，整个京城大为轰动，影响波及全国。"于是，三人之文章，盛传于世。得而读之者，皆为之惊，或叹不可及，或慕而效之。自京师至于海隅障徼（jiào，边塞），学士大夫，莫不人知其名，家有其书。"

苏洵在京师名声大振，甚至颇有"天下谁人不识君"的势头，但求官一事仍无实质性的进展。此时，益州知州张方平入京，苏洵又写《上张侍郎第二书》求其引荐。正在此时，传来噩耗，其妻程夫人因病去世。苏洵遂于五月间仓促携其二子离京返回眉山，安葬程夫人并处理后事，从而结束了这一次京师之行。

婉拒舍人院考试

苏洵名满京师，但仕途之事并无多大进展，又赶上程夫人去世，便匆匆离开京城，回到眉山。

嘉祐三年（1058）十月，苏洵收到雷简夫从京城的来信，报告他一个特大喜讯：听说将召他参加舍人院的考试。这舍人院考试并非常规的科举考试，而是朝廷为特定人物举办的一种考试，既是"特定"，不言而喻就有走过场的成分。苏洵文章写得好，名气也大，又有欧阳修、韩琦、富弼以及雷简夫等多位重量级人物的大力举荐，所以宋仁宗即想通过这一办法，授予苏洵一官半职，以塞众口。仁宗召他到舍人院紫薇阁应策论试，虽然离欧阳修上书荐苏洵已过七百余日，但无疑是一个千载难逢的机会。多少人求之不得，但苏洵却拒绝参加这次"特考"。十一月五日，诏命正式下达，苏洵考虑了半个月，十二月一日，写《上皇帝书》，书中云："臣本田野匹夫，姓名不登于州间。今一旦卒然被召，实不知其所以自通于朝廷……以陛下躬至圣之资，又有群公卿之贤，与天下士大夫之众，如臣等辈，固宜不少，有臣无臣，不加损益。"即是说，我是个村野匹夫，不怎么样，如今朝廷人才济济，像我这样的人全国也多啦。朝廷有我没有都无关紧要。这既是客气话，也可以说是牢骚话。接着点出了主题："臣不幸有负薪之疾（古代士大夫称病的一种说法），不能奔走道路，以副陛下搜扬之心。"即是说，我不幸有病，无法应召。这毫无疑问是个托词。然而这封洋洋数千言的上书的核心内容，是他对朝廷"近而易行，浅而易见"的十条政见。其中心是对朝廷选拔、任用、考核官员的办法，即对宋朝的吏制提出了严厉的批评和卓越的见解。上书的最后说："曩（nǎng，从前）臣所著二十篇，略言当世之要。陛下虽以此召臣，然臣观朝廷之意，特以其文采词致稍有可嘉，而未必其言之可用也。"即是说，朝廷所看上我的，不过是文辞之士，而不是看重我的政治见解。言下之意即是既然如此，不去也罢。在其同时写给雷太简的信中，更明白地说："承命自笑，恐不足以当，遂以疾辞，不果行。""仆已老矣，固非求仕者，亦非固求不仕者……其文章议论，亦可以自足于一世。何苦乃以衰病之身，委曲以就有司之权衡，以自取轻笑哉？然此可为太简道，不可与流俗人言也。"（《答雷太简书》）

实际上，这两封信道出了苏洵婉拒舍人院考试的最重要的两条理由：一是对朝廷用人制度不满，朝廷看重自己的只是文章写得好，而不是自己的政见和治世之才，也对朝廷多年冷落自己表示不满；二是苏洵自己的心理障碍，即他的"恐考症"。自己此时已年逾五旬，再去参加什么考试，听主考官们的评头论足，由他们来决定自己的命运，深感很不是滋味。况且，自己曾是屡试不第，在两个儿子考中进士时，苏洵曾感慨叹道："莫道登科易，老夫如登天。莫道登科难，小儿如拾芥。"把科考看得比登天还难的苏洵，现在自己再去考试，考中了，还有一说；若再考不中，面子上实在过不去，徒遭天下人耻笑。有鉴于此，苏洵断然拒绝应试。

嘉祐四年（1059）六月，诏命又下。苏洵又以病辞。同时写信告诉欧阳修：他接受梅尧臣的劝告，将再次携二子入京。

人生知己欧阳修

苏洵常慨叹："知我者惟吾父与欧阳公也。"嘉祐元年（1056）秋，苏洵始见欧阳修，时年已四十八岁；嘉祐二年（1057）五月，苏洵即返眉州处理程夫人丧事；嘉祐五年（1060）二月，苏洵再携二子入京，时年已五十二岁，但因家贫，京城米贵，只好移居杞县（时属开封府）；至嘉祐七年（1062）始移居京师，主要精力在参与修《太常因革礼》和著《易传》。治平三年（1066）即去世。掐指算来，二人见面结识前后不过十年，且欧阳修正身居要职，庶务繁忙，而苏洵又人世多变故，因此二人也是别多聚少。然而，苏洵何以引欧阳修为唯一知己呢？说来话长。

苏洵很早就知道世上有欧阳修其人。仁宗庆历三年（1043），当时范仲淹、韩琦、富弼等实行庆历新政，欧阳修为右正言，知谏院，均为京城政治上之风云人物；而此时，三十五岁的苏洵正游学于京师，因"自度其愚鲁无用之身，不足以自奋于其间"，故没有主动去结交欧阳修，但已识其为君子之人。庆历五年（1045），苏洵又游京师，亲见庆历新政失败，诸公被贬，苏洵为之"仰天叹息"。欧阳修是名满天下的人物，所以苏洵说："虽不见其文，而固已知有欧阳子矣。"但苏洵真正了解欧阳修是在他长期研读欧阳修的文章之后。

苏洵因屡试不第，遂焚旧稿数百篇，辍笔苦读，专心于学术。他取《论语》《孟子》和韩愈及其他圣人、贤人之文，"而兀然端坐，终日以读之者五六年矣"。其中读得最多、体味最深的，大概是欧阳修的文章了。所以他在《上欧阳内翰第一书》中敢于说："执事之文章，天下之人莫不知之，然窃自以为洵知之特深逾于天下之人。"他敢说自己最了解欧阳修的文章，绝不是自吹说大话。他在评说了孟子、韩愈等人的文章后，大胆地说："盖执事之文，非《孟子》《韩子》之文，而欧阳子之文也。"而他对欧阳修文章风格的评说，至今学术界仍认为是最为中肯的。可见，苏洵在和欧阳修直接交往之前，已对其为人、为文有了深入的了解，欧阳修已成为他在道德和文章两方面的偶像。应该说，他们虽未谋面,但神交已久。因此,在益州知州张方平劝他入京并告知已将他介绍给欧阳修时,他欣然同意再游京师。

嘉祐元年(1056),苏洵携二子入京,将自己所著《权书》《衡论》等二十篇呈给欧阳修,并致《上欧阳内翰第一书》极表对欧阳修道德、文章之仰慕,并求欧阳修"思其十年之心如是之不偶然而察之"。言辞恳切,不卑不亢。当时虽因京城水灾,欧阳修忙于庶务而未能马上见苏洵,但对其文章十分赞赏。此年秋后,欧阳修接待了苏洵,他对苏洵说:"吾阅(见过的)文人多矣,独喜尹师鲁、石守道(石介),然意犹所未足。今见子之文,吾意足矣。"这是欧阳修对苏洵文章的最高评价,认为是自己见过的文章中最好的。苏洵得欧阳修的首肯,既有受宠若惊之感,又庆幸自己终遇文章知己。十年苦心研读,细心揣摩,没有白费。欧阳修深识苏洵人品及文品之不凡,于是写《荐布衣苏洵状》荐之于宋仁宗。文中称苏洵"文章不为空言而期于有用",是一位"非特(只是)能文之士",又称"其人文行久为乡闾所称,而守道安贫,不营仕进(不钻营当官)",并将其二十篇文章转呈仁宗,期望仁宗"甄录"(甄别并加以录用)。此举亦足以证明欧阳修是真正了解苏洵的为人、为文及人生志向的。此后,苏洵与欧阳修交往渐多,他先后给欧阳修上《洪范论》《史论》及《六经论》等,均得欧之好评。约在嘉祐元年(1056)末或二年春,苏洵写下了《上欧阳内翰第二书》。书中既感谢欧阳修推重其文,称其《六经论》有荀子之风,又怨欧阳修"未暇读"其文。书末又曰:"执事怜其平生之心,苟以为可教,亦足以慰其衰老……"切盼朝廷任用自己之意,溢于言表。嘉祐二年(1057)五月,苏洵仓促离京返乡办理程夫人丧事,回乡月余,有《上欧阳内翰第三书》。信中谈及自己和欧阳修相交的情形:"年近五十,始识阁下。倾盖晤语(面谈),便若平生。非徒欲援之于贫贱之中,乃与切磨议论,共为不朽之计。"回忆二人相见情形：一见如故，切磋文章。文中又写自己在家"谢绝过从（与人交往），杜（闭）门不出"，取读旧书，"时有所怀，辄欲就阁下评议"而"不可得也"；"阁下虽贤俊满门，足以啸歌俯仰，终日不闷，然至于不言而心相谕者，阁下于谁取之？"即是说，你欧阳修虽终日有人陪伴，但你无处找一个和自己"不言而心相谕者"。很明白，能做到如此心有灵犀、彼此心心相印的，唯有你我二人。其相知之深，于此可见一斑。嘉祐三年（1058）十一月，朝廷召苏洵到舍人院应试，苏洵以病相辞。嘉祐四年（1059）夏，苏洵有《上欧阳内翰第四书》，既告诉欧阳修自己以病辞试之事，表达对朝廷迟迟下诏的"不乐"，并告知欧阳修，自己将再次携二子入京。

苏洵两次以病辞试舍人院之后，由于欧阳修、赵抃（biàn）等人力谏，朝廷终于于嘉祐五年（1060）八月，任命苏洵为秘书省试校书郎。苏洵受命后，有《上欧阳内翰第五书》以为答谢。信中并无多少虚语客套，但有一段意味深长的话值得玩味："执事之于洵，未识其面也，见其文而知其心；既见也，闻其言而信其平生。洵不以身之进退出处之间有谒于执事，而执事亦不以称誉荐拔之故有德于洵。再召而辞也，执事不以为矫（假意），而知其耻于自求；一命而受也，执事不以为贪，而知其不欲为异。其去不追，而其来不拒；其大不荣，而其小不辱。"从这里我们足可知道，苏洵和欧阳修之间的相知、诚信和理解，是他们成为知己的关键。同年，欧阳修升任枢密副使（掌管军事），苏洵有《贺欧阳枢密启》，称欧阳修"经世之文，服膺已久；致君之略，至老不衰"，说他升任是"君子之得位"，是"物议之所归""民心之大望"。虽为贺词，亦见其对欧阳修相知之深。

嘉祐六年（1061），欧阳修出任参知政事（副宰相）。同年，苏洵以霸州文安县主簿的职衔参与修《太常因革礼》。嘉祐七年（1062），苏洵才由杞县移居京师。英宗治平三年（1066）春，苏洵卧病，欧阳修多次致书慰问。同年四月二十五日，苏洵卒于京师。苏洵去世后，欧阳修义不容辞地为其撰写了《故霸州文安县主簿苏君墓志铭并序》。文中称："君之文博辩宏伟，读者悚然（肃然恭敬的样子）想见其人。既见而温温似不能言；及即之，与居愈久，而愈可爱。间（有时）而出其所有（指文章），愈叩（研读）而愈无穷（意味不尽）。呜呼，可谓纯明笃实之君子也。""纯明笃实之君子"，这是欧阳修对苏洵的评价，可谓真知苏洵者。

苏洵与欧阳修之交，可谓君子之交。苏洵引欧阳修为人生之知己，可谓真知欧阳修也。

名二子用心良苦

苏洵共有三个儿子：景先、轼、辙。景先早夭。苏轼生于仁宗景祐三年（1036），苏辙生于仁宗宝元二年（1039）。苏洵因长期游学在外，所以由程夫人教苏轼、苏辙读书。

宝元二年（1038），苏洵举进士落第；庆历六年（1046），苏洵举制科落第。庆历七年（1047），屡试不第的苏洵焚烧旧稿数百篇，辍笔苦读，也就在这一年，苏洵写下了《名二子说》这篇短文。此时，苏洵三十九岁，苏轼十一岁，苏辙八岁。

《名二子说》是一篇不足百字的记叙散文，是叙说自己给两个儿子起名的缘由。文章有两段，一说苏轼，一说苏辙。

首段说苏轼："轮（车轮）辐（车轮中凑集于中心毂上的横木）盖（车盖）轸（zhěn，车后的横木），皆有职乎车，而轼（车厢前供人依凭的横木），独若无所为者。虽然，去轼，则吾未见其为完车也。轼乎，吾惧汝之不外饰也。"大意是说，轮、辐、盖、轸，对于车来说都有自己的具体职责，而只有"轼"好像是对车没有什么作用。但是，要是离开了轼，这车也就不是一辆完美的车。这是以"车"喻整个国家，以"轮、辐、盖、轸"喻对国家有用的各种人才；"轼"虽看似无用，但也是车不可或缺的，说明苏洵对苏轼的总体评价是国家不可或缺之人才。接着的一句慨叹，表明他对自己儿子的忧虑。在苏洵看来，苏轼率直，表里如一，不善于掩饰自己的性格特点，是不大符合封建时代为人处世的标准的，所以他担心苏轼将来会因不善掩饰自己而遇祸。

次段说苏辙："天下之车，莫不由辙（车走过留下的印迹），而言车之功者，辙不与焉。虽然，车仆（翻倒）马毙（死），而患亦不及辙。是辙者，善处乎福祸之间也。辙乎，吾知免矣。"大意是说，天下的车子行进莫不依循车辙，但说到车的功劳，并没有车辙的份儿。可是，车子翻了，马摔死了，这祸患也和车辙无关，这就是说车辙是善于处在祸福之间的。接着一句慨叹，表明苏洵对苏辙的放心。在苏洵看来，苏辙超然功过的态度是理想的做人之道，将来是可以远离福祸，免受其累的。

苏洵以车为喻，来说自己给两个儿子起名叫轼、辙的用意。无"轼"，车就不是完美的车；无辙，车就无法行进。轼、辙都是车不能须臾离开的东西，以此喻自己的两个儿子都是国家的栋梁之材，既表明他对自己儿子的自信，也表明自己希望儿子们能很好地为国效力之意。而苏轼率直，不善掩饰自己的性格又让他担心，故有警示儿子之意；苏辙超然是非功过的性格使他放心，故有对儿子勉励之意。

知子莫如父。苏洵能根据孩子的才华、性格特点来给他们取名字，对他们有期待、有肯定，也有担忧、有提醒，真可谓用心良苦。

明人杨慎评此文说："字数不多，而婉转折旋，有无限意思，此文字

之妙。观此，老泉（指苏洵）之所以逆料（预料）二子终身，不差毫厘，可谓深知二子矣。"（见《三苏文苑》）说苏洵预料二子终身"不差毫厘"倒不尽然；说他"深知二子"，可谓中肯。

一生交恶王安石

　　苏洵和王安石同为唐宋八大家之一，但二人终生不曾交往，非但不曾交往，而且相互视若仇敌。

　　王安石生于宋真宗天禧五年（1021），比苏洵整整小十二岁，而他于庆历二年（1042）考中进士时，苏洵仍在读书游学；嘉祐元年（1056），王安石在京任群牧判官，欧阳修始见之，并盛赞其文，而苏洵也于次年五月到京以布衣谒见欧阳修，同样受到欧阳修的称赞。此时，王安石名气始盛，而苏洵亦因欧阳修、韩琦等称引而文名大噪。按说，他们有极好的交往条件，而实际上他们却成了仇人。原因何在？历来众说纷纭。

　　据张方平《文安先生墓表》载：欧阳修曾劝苏洵与王安石交往，王安石也愿和苏洵交往，但苏洵说："吾知其人矣。是不近人情者，鲜不为天下患。"苏洵认为王安石是不近人情之徒，将来必为天下之祸患，遂拒绝与之交往。这里有个很大的疑问：苏洵与王安石素不相识，何由知其为"不近人情者"？方勺在《泊宅编》卷上中说：欧阳修有一次请客，苏、王均在。散席后，苏洵留下来对欧阳修说："适（刚才）坐有囚首丧面（头不梳如囚犯，脸不洗如居丧）者何人？"欧阳修告诉他："王介甫也，文行之士，子不闻之（听说过他）乎？"苏洵说："以某观之，此人异时必乱天下。使其得志立朝，虽聪明之主，亦将为其诳（kuáng）惑（欺骗迷惑）。内翰何为与之游乎？"按此说，苏洵连王安石都不认识，只看其"囚首丧面"就知此人为奸，必乱天下，这也有点太玄乎，不合情理。叶梦得在其《避暑录话》卷二中有个说法：嘉祐初年，苏洵初来京师，一时人们皆崇其文章，而此时王安石知制诰，"方谈经术""独不嘉（称赞）之，屡诋于众（多次当众诋毁苏洵）。故明允恶荆公（王安石）甚于仇雠（chóu，仇人，冤家对头）"。此说似乎有点道理。因为王安石是经学家，研究儒家的五经，而苏洵多不拘儒家经典，王安石在其所修《英宗实录》中说苏洵"有战国纵横之学"，并说苏洵的文章"大抵兵谋权利机变之言"。因此，王安石不喜苏洵文章的纵横家风格。按王安石的性格，贬低苏洵是完全可能的。苏、王的文章都写得好，两人又都十分自信，表现出文人相轻，以至相诋，并非不可理解。

王安石看不起苏洵，苏洵也不买王安石的账，拒绝与之交游。据张方平《文安先生墓表》载：安石之母死，先生独不往。作《辨奸论》一篇，当时见者多为不然，曰："噫，其甚矣！"王安石之母死于嘉祐八年（1063），时王安石在京知制诰，苏洵以霸州文安县主簿在京编《太常因革礼》，二人也算同朝为官。王安石母亲去世，士大夫皆往吊丧，而苏洵独不往，故时人多以苏洵为过分、失礼。而苏洵替自己开解，写下《辨奸论》以讽刺王安石，王安石当然不高兴，二人遂结仇。

关于苏洵写《辨奸论》讽刺王安石一事，文章写于何时？是否是苏洵所为？历来多有歧见。

此文写于何时？叶梦得《避暑录话》卷二说是写于嘉祐初年，因王安石屡诋苏洵，苏洵视之如仇，而张方平和苏洵素善，也受王安石排挤，所以苏洵就写了《辨奸论》一文，私下交给张方平，而不让欧阳修知道。直到苏洵去世后，苏辙请张方平为其父撰写《墓表》，张方平才将苏洵所写《辨奸论》一文全文载出，苏氏也有意让人传之于世。而据张方平《墓表》所载，此文写于嘉祐八年（1063）王安石之母去世之后。现在看来，张说较为合理。

此文是否是苏洵所为？清代之前，均无异议。而清代的李绂（fú）和蔡上翔发难，认为此文为邵博之伪托。李绂认为张方平的《墓表》，苏洵的《辨奸论》及苏轼的《谢张公作墓表书》均为伪作，与当时情事不合；蔡上翔认为《辨奸论》一文"乱杂无章"，非"千古文豪"苏洵所为。然我们从《辨奸论》的行文风格和苏、王交恶的史实来看，此文确为老苏之作。

至于苏洵《辨奸论》一文，无疑，其主旨在论王安石之奸。文中把王安石比作晋代误国的王衍和唐肃宗时的奸相卢杞，其理由就是说王安石表面上伪饰自己，"衣臣虏（奴隶、俘虏）之衣，食犬彘（zhì，猪）之食，囚首丧面而谈《诗》《书》"，而背后则"阴贼险狠与人异趣"。因其"不近人情"，故必为大奸，"其为天下患必然而无疑者"。王安石生活俭朴，不可认为是其有意伪饰；王安石实行熙宁变法，变法有失误之处，在变法失败后，反变法者诬其为奸误国，显然是一种偏见和不实之词。宋人以王安石变法失败来说明苏洵有识人的先见之明，看来也是基于对王安石的偏见。

王安石是杰出的社会改革家和文学家，这已是历来之公论。王安石以道德、文章和政事为后世所推重，所以苏洵以此文论王安石为奸佞，确属偏激情绪左右下之偏见。然其文"凡事之不近人情者，鲜（少有）不为大奸慝（tè，邪恶）"的立论，倒是可以供历代执政者借鉴的。

苏洵与王安石交恶，并非政见不同，亦非有深仇大恨，实为文人相轻之痼疾和各自性格的缺欠所致，后人不得不深为这两位文学巨子可惜。

纵论六国警当世

苏洵有一篇传世名作《六国》（今通行本亦作《六国论》），是其《权书》十篇中的第八篇。这是一篇史论著作。六国，当指战国末期先后被秦灭掉的韩、赵、魏、楚、燕、齐。此文的主旨是论六国败亡的原因。文章开宗明义，指出"六国破灭，非兵不利（不是武器不好），战不善（仗打得不好），弊在赂秦（弊病就在以割地的办法来贿赂秦国）"。接着文章分两层议论：先论韩、赵、魏、楚、燕五国之国君视祖先留下的土地如草芥，"今日割五城，明日割十城，然后得一夕安寝。起视四境，而秦兵又至矣"。并以"抱薪（柴火）救火"来比喻五国赂秦，说明它们亡国是理所当然之事；后论齐国未赂秦，但因其助秦而不助五国，所以"五国既丧，齐亦不免矣"以论证"不赂秦以赂者丧"之道理。文章前半部分有理有据地论证了六国败亡的原因。

苏洵此文写于宋仁宗嘉祐元年（1056）之前，嘉祐元年（1056）秋，由欧阳修转呈于仁宗。那么，人们不禁要问：生于北宋的苏洵，为什么想起来去探讨六国灭亡的原因来？其实，老苏并非闲来无事发思古之幽情，而是"别有用心"。其意不在"六国"，而在"大宋"。为什么这么说呢？我们只要稍微回顾一下北宋的对外政策，也就不难明白老苏之意了。宋朝建国后，面对两大外敌：北面的契丹和西北方的西夏。北宋自宋真宗景德元年（1004）与契丹订立澶渊之盟后，每年要给契丹银十万两、绢二十万匹；仁宗庆历二年（1042），契丹派使者至宋，索要晋阳（今山西太原）及瓦桥（今河北雄县易水下游）以南十县土地，最后订盟，宋朝每年增加"岁币"银十万两、绢十万匹。庆历三年（1043），西夏主元昊请和，宋朝又答应每年给西夏银十万两、绢十万匹、茶三万斤。老苏对宋朝统治者这种向契丹和西夏纳币以求苟安的做法十分不满，并对由此引发的后果十分忧虑，故写此文以讽之。我们看文章的最后两段，老苏的用意更为明白。

文章说："呜呼！以赂秦之地，封天下之谋臣；以事秦之心，礼天下之奇才，并力西向，则吾恐秦人食之不得下咽也。"就是说，如果六国把贿赂秦国的土地封给谋臣策士，以事秦之心来礼贤下士，合力攻秦，秦国一定会寝食不安。文章又语重心长地告诫说："为国者无使为积威之所劫哉！"就是说，治理国家的人，不要被敌国积累起来的威势所胁迫。字面上是在说六国，实际上何尝不是在说宋？宋王朝如能用送给敌国的财物和心意来对待有用之人才，自强以抗敌，何至出现今日之局面？

文章最后又说："夫六国与秦皆诸侯，其势弱于秦，而犹有可以不赂而胜之之势，苟以天下之大，下而从六国破亡之故事，是又在六国之下矣。"此段更有深意，所指也更为直接。六国与秦都是诸侯国，六国势力弱于秦，还有不赂秦而战胜秦国的机会，而今天以宋朝之一统天下，如果再蹈六国赂秦而败亡的覆辙，那就连六国也不如了。这简直可以说是指着鼻子在教训宋朝的最高统治者了。

由此可见，老苏此文完全是在借评论史事而抨击朝政，借批评六国赂秦而亡来指责宋朝统治者对外敌一味妥协、屈服的可耻行径，提醒和告诫统治者要富国强兵、抵御外敌，万不可步六国的后尘。此论对于宋朝统治者来说，确是苦口良药，也是给昏聩的宋朝统治者的一服清醒剂。此文也充分表现了老苏并非一介书生，他不但有忧国忧民之心，而且洞察时局，有卓越的政治见解，更表现了他有无畏的勇气，因为"安内以养外"是宋王朝的国策，苏洵此论正中其要害。没有足够的胆识，是不敢也写不出这样的文章的。老苏此论，不仅在当时有重要的现实意义，而且对任何治国者来说，也都不失其借鉴意义。

风水为喻论作文

　　苏洵文章写得好，但经历了一个艰难而漫长的过程，从焚烧旧稿，辍笔五六年，到厚积薄发，一鸣惊世，付出了艰辛，更有自己对写文章的独到见解和体会。

　　苏洵没有留下专门表达自己文学观点的文章，但从散见于他的著述及其儿子的回忆中，我们仍可清晰地看到他的文学观：有为而作，自然成文。

　　苏洵曾写下数百篇文章，不可谓不多，但科考屡屡失败，自己也不满意，故将其付之一炬；后经反复揣摩，有为而发，则一发不可收。究其成败之由，恐怕主要在于"有意"和"无意"。有意"作"文，无病呻吟，沿袭旧套，自然难有好文章；无意"作"文，有为而发，则多有真情实感，也多能不守旧规，自然会妙笔生花。苏洵没有专门谈过这个问题，但苏轼在其文中多处谈及其父的这一见解。在《凫绎先生诗集序》中，苏轼谈到其父反对"慕远而忽近，贵华而贱实"（以文辞华美为贵而看不起文风朴实）的形式主义之风，主张"有为而作"，务近、贵实。苏洵的文章，非但没有风花雪月的闲情文字，而且也极少有赠序、碑志状传等应酬之作，所著多与社会现实有关，绝不为作文而"作"文。苏轼在《江行唱和集序》中回忆说："自闻家君之论文，以为古之圣人有所不能自已而作者，故轼与弟辙为文至多，而未尝敢有作文之意。"还说，他们父子的创作都是由"山川之秀美，风俗之朴陋（朴实简单）；贤人君子之遗迹与凡耳目之所接，杂然而有出于中而发为咏叹"。古代圣人作文多为"不能自已"之作，有所感发，如骨鲠在喉，不吐不快，文章才有真情实感。苏轼和苏辙"未尝敢有作文之意"，即是不作无病呻吟的无聊文章。他们父子的文章均由外界事物刺激，然后发为咏叹，故多能以真情动人。

关于"自然成文"的观点，老苏在其《仲兄字文甫说》这篇短文中有极为精辟的论述。

仁宗庆历七年（1047），苏洵之父苏序病逝，苏洵及其二哥苏涣均返蜀居丧，直至皇祐三年（1051）丧满。哥俩在一起生活三年之久，苏涣原字公群，苏洵研究了"涣"字，替其二哥改字曰"文甫"，并写下了这篇著名的《仲兄字文甫说》。"涣"，本是《周易》之卦名，唐人孔颖达《周易正义》曰："涣者散释之名。""风行水上，激动波涛，故曰：风行水上涣。"宋人田锡《贻宋小著书》有云："微风动水，了无定文；太虚（天空）浮云，莫有常态，则文章之有声气也，不亦宜哉！"苏洵本于这些而写此文，谈自己对文章写作的看法。

文中指出：水有各种各样的形态，"是水也，而风实起之"；风有各种不同表现而人们"不知其迹之所存"，"是风也，而水实形之"。风水相遇，即会形成"殊状异态"，因此，苏洵提出了"'风行水上涣'，此亦天下之至文也"的观点。苏洵认为：风与水"无意乎相求，不期而相遭，而文生焉。"这是一个独出心裁的精妙比喻。苏洵把水比为作家的思想和艺术修养，而把风比为触发作家创作灵感和冲动的外物，二者不期而遇，相互作用而形成千姿百态的文章，这种没有任何功利因素干预而自然产生之文才是天地之间之"至文"（最好的文章）。文章最后又说："今夫玉非不温而美矣，而不得以为文；刻镂组绣，非不文矣，而不可与论乎自然。故夫天下之无营而文生之者，惟水与风而已。"玉石虽然温而美，但不可称其有文采；刻镂雕绘锦绣之物，虽有文采而失之于自然。

人世间不劳苦心经营而能有文采者，唯水与风相遇而已。风水如此，作文亦如此，只有不劳刻意经营而自然成文者，才是最好的文章。

此文名为给其二哥换字（由"公群"改为"文甫"），实则借一"涣"字来谈自己的作文体会。文章比喻巧妙，形象生动，深入浅出地道出了"自然成文"这一千古不变的为文秘诀，令其二子也令后人从中获益良多。

小档案

苏洵（1009—1066），字明允，眉州眉山（今四川眉山）人。相传他青年时期不喜读书，是一个"落拓鞍马间"的人物，二十七岁才发愤读书，应进士及茂才异等考试，皆不中，归而尽焚其前所为文，闭门苦读，遂通六经、百家学，下笔千言。仁宗嘉祐初年，携其子苏轼、苏辙至京师，得到翰林学士欧阳修的援引，并将其《机策》二篇、《权书》十篇、《衡论》十篇上给宋仁宗。一时，苏洵父子"三人之文章，盛传于世"。宰相韩琦也称赏其文，奏于朝廷，除秘书省试校书郎。后为霸州文安县（今河北文安）主簿，又参与修《太常因革礼》，书成而卒，享年五十八岁。卒赠光禄寺丞，谥"文安"。

苏洵是北宋著名的散文家，唐宋古文八大家之一，与其子苏轼、苏辙合称"三苏"。

苏洵名段名言

　　以赂秦之地封天下之谋臣，以事秦之心礼天下之奇才，并力西向，则吾恐秦人食之不得下咽也。(《六国论》)

　　无意乎相求，不期而相遇，而文生焉。(《仲兄字文甫说》)

　　夫功之成，非成于成之日，盖必有所由起；祸之作，不作于作之日，亦必有所由兆。(《管仲论》)

王安石：充满争议、无所畏惧的改革家

青年时期,随父宦游四方,接触和了解现实;为官之后,屡次请求外任,在地方任上颇有政绩;与神宗君臣相知,在熙宁年间开始了历史上有名的"熙宁变法"。晚年因变法失败,退居金陵,信奉佛道,以游山玩水、读书著述为乐。诗文成就皆高,其后期诗风被称为"半山体",对宋诗影响很大。

不平凡的青年时期

王安石出生在一个普通的仕宦之家，其父王益，长期担任县吏、县令和州府幕僚之职，直至晚年，才得到一个韶州（今广东韶关）知州的职位。这样的家世，使他不可能通过门荫直入仕途，他要在政治上有所作为，必须靠个人奋斗。

王安石十六岁时曾写过一首长诗《忆昨诗示诸外弟》，其中有云："此时少壮自负恃，意气与日争光辉。乘闲弄笔戏春色，脱略不省旁人讥。坐欲持此搏轩冕（车子和冠冕，代指官职），肯言孔孟就寒饥……男儿少壮不树立，挟此穷老将安归？"从这首直抒胸臆的诗中我们可以看出：此时的王安石只是想靠一支生花妙笔去博取功名，并未想到什么济世救民的大事业。次年，他随父到建昌军官任时，才猛然醒悟到：人生在世应有远大目标，遂以稷、契自期，希望自己能为国家建立一番功业。

此后几年，他一直随父宦游，足迹踏遍长江流域，后来又南下广东，北上中原。丰富的阅历使他眼界逐渐开阔，对人生及社会问题的思索也愈加深入。在这数年的旅居生活中，他广泛接触了社会，亲眼看到了人民生活的困苦，也朦胧地感受到社会问题之严重。于是他更加发奋读书，希望从古圣先贤那里找到治国的良方。他聪颖过人，读书过目不忘。他博览群书，"自百家诸子之书，至于《难经》《素问》《本草》，诸小说，无所不读；农夫女工，无所不问"（王安石《答曾子固书》）。王安石的文章被曾巩看到，读之赞不绝口，于是遂将他的文章送给了文坛巨擘欧阳修。欧阳修多处为之延誉，使王安石这位年轻人在北宋文坛开始崭露头角。

宋仁宗庆历二年（1042），二十二岁的王安石考中进士第四名，当年即被任命为签书淮南节度判官厅公事，正式开始了他的仕途生涯。

不求调任京官

按照宋朝惯例，地方官三年秩满，经国家考核合格，可升官或调任京官，但心怀"矫世变俗"之志的王安石，却想利用做地方官的机会，施展自己的才学和抱负，从二十二岁到三十八岁，他主要在地方上任职，并已开始进行局部的政治改革试验。他在任鄞（jīn）县（今浙江宁波鄞州区）令时，及时了解农业生产情况，兴修水利，并又在春天把官府的存粮借贷给农民，相约秋后加息偿还，不仅解决了农民青黄不接时的生计困难，同时使官仓中粮食更新，政府还增加了收入。这实际上是后来青苗法的雏形。这一举措"邑人便之"，而州、路长官更认为他治民有方。任满后升为舒州（今安徽潜山）通判。

北宋时期的士大夫多是挖空心思想在馆阁中谋一职位，以便有机会接近达官显贵而高升，王安石却从不在这一点上动心思。他这一有违时尚的举动，反倒引起朝廷的注意。当时文彦博做宰相，多次在仁宗面前称道王安石恬退（不急于仕进）有为，建议越级提拔，以激励人们勤于民事之风气。此后朝廷多次召他入馆阁，他都辞而不就；欧阳修荐其为谏官，他又以祖母年高婉言拒绝。直到舒州任满，在欧阳修的提议下，他才入京担任群牧判官一职。然而自上任始，他又多次请求回到地方官任上去做些实事，于是在嘉祐二年（1057）他被任命为常州知州。王安石在常州，仍以兴修水利为己任，曾做出挖运河的决定，后因两浙西路转运使的掣肘，工程半途而废。

王安石长期任职地方官，使他目睹了时政的种种弊端和由此而造成的国弱民贫的现实，更使他产生强烈的变革现实的欲望，而他的"恬退"声誉又使得许多朝臣呼吁他到朝廷做官。嘉祐三年（1058），王安石被调入京任三司度支判官。北宋的三司统筹国家财政，与中书省、枢密院分掌国家的财、政、军大权。王安石调任三司判官，受重用之意十分明显。他上任不久，即写下《上仁宗皇帝言事书》，倡言改革，但未受仁宗重视。

英宗即位后，仍未采纳他的建议，他常感愤然。他曾值集贤院。据《宋史·本传》载："先是，馆阁之命屡下，安石屡辞。士大夫谓其无意于世，恨不识其面。朝廷每欲畀（bì，给予）之美官，惟患其不就也。明年，同修起居注，辞之累日。阁门吏赍（jī，送）敕就付之（把朝廷敕文送给他），拒不受；吏随而拜之，则避于厕（躲到厕所里）；吏置敕于案（桌子）而去，又追还之；上章至八九，乃受。"由此可见，王安石力辞馆阁之职的情况。

王安石不求调任京官，前后有近二十年的地方官经历。这固然表现了他不慕官禄的"恬退"，但更重要的是，他要在地方官职位上了解社会，了解民情，并按照自己的想法实行局部改革，积累经验。事实证明，长期的地方官经历为他后来的改革奠定坚实的理论基础，提供了实践经验。

上仁宗皇帝万言书

仁宗嘉祐三年（1058），王安石入京任三司度支判官。他深刻认识到"天下之财力日以困穷，而风俗日以衰坏"，必须"改易更革"，于是写下了《上仁宗皇帝言事书》，洋洋万言，提出了一整套改革建议。《宋史·本传》称："安石议论高奇，能以辨博济其说，果于自用，慨然有矫世变俗之志。"

文章开宗明义，指出国家之所以"天下之财力日以困穷，而风俗日以衰坏"，根本原因是在"不知法度"。接着就在"法度"上大做文章，先是批评"方今之法度，多不合于先王之政"。王安石所谓"先王之政"主要来自孟子："以孟子之说，观古今之失。"王安石以"法先王"来进行改革，同时他指出：所谓"法先王"只是法其意，而非法其政，即是说不能"呆信古法"。

如何才能做到"法其意"，王安石首先提出了人才问题。他指出，当时的许多官吏都是"不才苟简贪鄙之人"，文臣不熟武事，就把边防交给一群奸悍无赖之人，因此吏制必须改革；学校里只讲章句，学生所学全是无补之学；科举以诗赋为试，官员对治道一窍不通；恩荫给官，不问才学，只凭家世；因此学校和科举必须改革。他认为对官吏应实行法制，要"裁之以刑"。对于选拔、培养人才，他提出了一系列陶冶人才之道，即"教之之道""养之之道""取之之道""任之之道"。所谓"教之"，即以学以致用为唯一标准；所谓"养之"，就是"饶之以财，约之以礼，裁之以法"，即用丰厚的俸禄使之廉洁，以种种制度来约束他们，如有违犯，则绳之以法；所谓"取之"，即痛改诗赋取士的模式和痛改不合理的恩荫制度；所谓"任之"，即区别人的道德和能力之高下，分而任之，使人尽其才。

《上仁宗皇帝言事书》还特别突出了王安石的理财思想。针对北宋积贫积弱的现实，他把理财放在了十分重要的位置。他认为国家财力困穷，官员贪污腐败，在很大程度上是"治财无其道尔"，即理财不得其道。对此他提出了自己的主张："因天下之力以生天下之财，取天下之财以供天下之费。"即通过发展生产、广开财源来解决财政困难的问题。

此外，他对国家军力软弱，官吏享乐成风、坐吃山空等问题也都提出了自己的建议和主张。

王安石还明确指出，他之所以上万言书，目的就是要进行政治改革，革除"苟且因循之弊"，以期"合于当世之变"，所有这一切都表现了一位有实践经验的杰出政治家的胆略和气魄，也是他日后实行"熙宁变法"的思想和理论基础。

王安石在《上仁宗皇帝言事书》中也预测："臣之所称，流俗之所不讲，而议者以为迂阔而熟烂者也。"这应该说是王安石的自知之明。因为他的这些改革主张，正触犯了既得利益集团的利益。此论一出，就有人攻击王安石"迂阔"，甚至说他要乱国。由于社会阻力太大，所以《上仁宗皇帝言事书》呈送之后，并未引起仁宗的注意，也未提振执政者的兴趣，王安石也并未因此而受到重用。但他的改革愿望和过人的胆识，却在士大夫中赢得了很高的声誉，引起了人们的广泛注意，大大提高了他的知名度，也使其日渐成为改革派的代表人物。

郁闷的英宗之世

仁宗嘉祐六年（1061），王安石由三司度支判官而知制诰，此时又有《上时政书》，指出"方今朝廷之位，未可谓能得贤才；政事所施，未可谓能合法度。官乱于上，民贫于下，风俗日以薄，财力日以困穷；而陛下高居深拱，未尝有询考讲求之意，此臣所以为陛下计而不能无慨然者也。夫因循苟且，逸豫而无为，可以侥幸一时，而不可以旷日持久"。并提出："有为之时，莫急于今日。"这是他继《上仁宗皇帝言事书》之后的又一次慨然进言，但与前者一样，照例未受到仁宗的注意。

英宗即位后，王安石虽先后任直集贤院、知制诰、纠察在京刑狱等朝官，但因议事与朝廷和大臣们每不合，故郁闷失意。《宋史·本传》载其两事：

有个少年得到一只善斗的鹌鹑，他的同伴想要，他不给。那个同伴自恃和他亲密，就一把拿跑了。少年去追他，并把他杀了。开封府判定该少年应被处死。王安石反驳说："按照律法的规定，不论是公然抢夺还是暗中偷窃都算是盗窃罪。此案中少年不给，他的同伴就拿走了，这就算盗窃。少年去追并把他杀掉，应该是追捕盗贼，即使杀死，也不应定罪。"王安石以此为由弹劾开封府有关部门判罪过重。开封府的官员不服，此案上报到审刑院和大理院，这两处都认为开封府的判定是正确的。王安石因弹劾不当而应被判罪，但皇帝下诏赦免了他，按照惯例，这种情况应该到阁门去答谢。王安石说："我无罪。"不肯前去。

当时有诏令规定舍人院不得申请删改皇帝诏书文字，王安石争辩说："如果真按照诏令所说，那么舍人就再不能履行他们的职责，而听任大臣为所欲为，这虽不是大臣为了私利而侵夺舍人职权，不过立法也不应该这样。今天大臣中软弱的不敢为陛下执守法纪，而强横的人则假借陛下的旨意来捏造命令，谏官、御史都不敢违背他们的旨意，我实在感到害怕。"

这两件事，前者表现了王安石独特的思维方式、判案理念及其不服输的斗争精神，后者则借诏令限制舍人院履行职责而直斥权臣"弄法"。正因王安石说话冒犯当权者，当权者更加有意和他过不去，这不能不使王安石感到愤愤然。而他在朝廷又处于孤掌难鸣的境地，他的改革设想也都成了水中月、镜中花。

此后数年，王安石因丁母忧而退居江宁，从事著述和讲学活动，终英宗之世，朝廷屡召不起。可以说整个英宗朝是王安石一生中度过的一个相当郁闷的时期，同时也可以说，他退居江宁数年，也是他等待机会，以便大展宏图的准备时期。果然，冬天一过，春天即来。治平四年（1067），英宗去世，神宗即位，王安石终于迎来了自己政治上的黄金时期。

初得神宗信任

经历了英宗朝的郁闷期，王安石深深意识到：没有重臣的推波助澜，仅凭自己的个人力量，改革是无从谈起的。为了实现自己的政治目标，他开始有意识交结当时的名臣，如宰相韩绛、韩绛之弟韩维以及吕公著等人。此三人则到处称扬王安石。如神宗为太子时，韩维为其记室，每次讲说得到神宗称赞时就说："此非维之说，维之友王安石之说也。"因此，王安石"名始盛"，神宗也由此而很想见王安石。朝中不少士大夫也开始把治国希望寄托在王安石身上。

治平四年（1067），英宗去世，神宗即位，立即任命王安石知江宁府。几个月后，召入为翰林学士。熙宁元年（1068），以翰林学士入对，神宗问他："祖宗守天下，能百年无大变，粗致太平，以何道也？"王安石下殿后，殚精竭虑，写下了一篇析理甚密的奏札——《本朝百年无事札子》。此札子在简略列举北宋有国百年间何以无事的原因之后，便尖锐地指出在"百年无事"表象掩盖下的严酷现实，即指陈国家累世因循苟且之失："然本朝累世因循末俗之弊，而无亲友群臣之议。人君朝夕与处，不过宦官女子；出而视事，又不过有司之细故（琐事），未尝如古大有为之君与学士大夫讨论先王之法以措天下也……君子非不见贵，然小人亦得厕其间；正论非不见容，然邪说亦有时而用；以诗赋记诵求天下之士，而无学校养成之法；以科名资历叙朝廷之位，而无官司课试之方；监司无检察之人，守将非选择之吏……交私养望者多得显官，独立营职者或见排沮……农民坏于徭役，而未尝特见救恤……兵士杂于疲老，而未尝申敕训练……其于理财，大抵无法，故虽俭约而民不富，虽忧勤而国不强。"这篇奏折尖锐地揭露了宋王朝，特别是仁宗统治时期的种种弊端，道破了宋王朝在政治、经济、军事、文教等方面潜藏的种种矛盾，描绘出了危机四伏的社会现状，实际上是有力地论证了社会改革势在必行，并以"大有为之时，正在今日"来敦促神宗下定改革的决心。此文以其尖锐性和强大的鼓动性，甚合神宗之意，自然也使神宗为之振奋。

《本朝百年无事札子》与《上仁宗皇帝言事书》一脉相承，成为王安石变法的先声和重要的理论依据。神宗也因此视他为不可多得的有用之才。变革现实的共同愿望把他们君臣二人紧紧捆绑在一起。王安石由此被留在朝廷。熙宁二年（1069），神宗即任命王安石为参知政事，开始了各个领域中的全面改革。

主持熙宁变法

对于王安石其人，当时朝廷内外是毁誉参半：有人赞扬，渴望他出山执政；而有人则认为他居心叵测，可能是搅乱朝政的祸首。如苏洵就曾写《辨奸论》，暗讽王安石大奸似忠；在神宗征求宰相韩琦对王安石的看法时，韩琦回答说："王安石为翰林学士有余，处辅弼之地则不可。"尽管如此，初即位的神宗改革心切，最终还是排除阻力，于熙宁二年（1069）二月，拜王安石为参知政事。神宗问王安石："卿所设施何以为先?"王安石回答说:"变风俗,立法度,最方今之所急也。"对此,神宗首肯,于是一场全方位的社会改革拉开序幕。

王安石执政后,首先建立了一个主持变法的新机构——置制三司条例司,即皇帝特命设立的制定三司(户部、度支、盐铁)条例的专门机构,掌管筹划与制定财政经济政策,变更旧的制度,议定新法并颁布实施。这一机构由王安石和知枢密院事的王升之总领,王安石又任用了一批新人,如吕惠卿、苏辙等,由吕惠卿具体操持。同年四月,王安石派人到各地察看农田水利和赋税利弊,七月以后,相继颁行了均输法、青苗法、农田水利法等。均输法一出台就遭到苏辙、范纯仁、刘琦、王师元等人的反对;青苗法的出台,更引起了朝廷内外的反对,韩琦、欧阳修、范镇、刘攽等纷纷上书反对。为保证新法的实施,王安石运用铁腕手段,将这些人几乎悉数罢免。

熙宁三年(1070)二月,王安石又罢诗赋及明经诸科考试,以经义论策取士,对科举制大动手术。十二月,又置更成法、保甲法、募役法等。同月,王安石被任命为同中书门下平章事,以宰相身份,完全掌握了政府大权,遂将反对新法的司马光等人贬出朝廷,陆续荐用了曾布、章惇、吕嘉问、沈括等人。自熙宁三年至七年,王安石又相继推出了一系列新法,如理财的免役法、市易法、方田均税法,强兵的置将法、保甲法、保马法,还对教育、科举等进行了改革。

这一系列发生在熙宁年间的由宋神宗和王安石主持的变法,史称"熙宁变法"。熙宁变法的目的可以用"富国强兵"四个字来概括,即改变北宋社会积贫积弱的局面,增强北宋的对外防御能力和对内镇压能力,巩固和加强北宋王朝的统治。变法的结果,虽然保甲法、置将法、保马法等并未使北宋的军事力量有什么加强,"强兵"的目的并未实现,但一系列经济政策的实施,使宋王朝获得了巨额的青苗、市易的利息钱和雇役出剩的役钱，国家的财政状况有了明显好转，"富国"的目的可以说是部分达到了。

排斥异己的铁腕人物

王安石变法侵犯了部分大官僚、大地主和大商人的利益，也有因政策本身缺失和用人不当带来的负面影响，所以变法伊始，就遭到来自朝廷内外许多人的反对，其中以司马光、文彦博、韩琦、富弼、欧阳修等为首的元老大臣和太皇太后曹氏、皇太后高氏为代表的宫廷势力，他们坚持"祖宗法制"不能变的立场，称王安石"外示朴野（表示纯朴），中藏巧诈"，说他"阴贼害物""盗弄权威"，力劝神宗对王安石加以防范。面对强烈的反对声音，王安石以"天变不足畏，祖宗不足法，人言不足恤（忧虑）"（此为司马光概括，非王安石原话）的大无畏精神，坦然面对，除进行针锋相对的批驳外，更充分利用自己手中的大权，对反对者严加惩治。

御史中丞吕诲上疏论王安石过失十事，神宗贬黜了吕诲；司马光在答诏中有"士夫沸腾，黎民骚动"之语，安石大怒，抗章自辩，并对神宗大讲中外大臣的"朋比之情"："陛下欲以先王之正道胜天下之流俗，故与天下流俗相为轻重，流俗权重，则天下之人归流俗；陛下权重，则天下之人归陛下……今奸人欲败先王之正道，以沮陛下之所为。于是陛下与流俗之权适争轻重之时。"神宗以王安石之说为然。于是王安石便以"流俗""奸人"之名对反对派屡出重拳，将他们一一打倒。司马光因反对新法被逐出朝廷；吕公著虽是引荐王安石的人物，但亦因请罢新法而出知颍州；"御史刘述、刘琦……杨绘、刘挚，谏官范纯仁、李常、孙觉、胡宗愈皆不得其言，相继去。骤用秀州推官李定为御史。知制诰宋敏求……御史林旦、薛昌朝，皆逐罢。翰林学士范镇三疏言青苗，夺职致仕"。

开封知府韩维向神宗反映百姓避保甲法的情况，被王安石指为"善附流俗以非上所建立"，迫使韩维辞职；欧阳修因不满青苗法提出致仕，冯京请求挽留，王安石则说："修附丽韩琦，以琦为社稷臣。如此人，在一郡则坏一郡，在朝廷则坏朝廷，留之安用？"富弼不满青苗法，王安石比之为共工和鲧（gǔn）；灵台郎尤瑛说，天久阴，星失度，宜退王安石，结果被流放英州；唐坰（jiōng）本是王安石引荐的谏官，王安石极论其罪，使其"谪死"；文彦博言市易法与民争利，结果被贬为魏州知州……《宋史·本传》曰："吕公著、韩维，安石借以立声誉者也；欧阳修、文彦博，荐己者也；富弼、韩琦，用为侍从者也；司马光、范镇，交友之善者也，悉排斥不遗力。"王安石不遗余力排斥异己，几乎到了"六亲不认"的地步。从他为推行新法的角度说，有其可以理解的一面，但听不得不同意见，缺乏包容精神，又看出这位铁腕人物刚愎自用的一面。这也正是他人格之重大缺陷，他的变法最终失败及其悲剧命运，也与此不无关系。

罢相和复相

王安石变法虽对国家财政状况方面有所改善，但新法在执行过程中所产生的弊端也日益显现，来自社会各方面的批评使王安石受到很大的压力。

熙宁六年（1073）七月，实行了"免行法"，更遭到皇族、外戚和守旧大臣的激烈反对，神宗也对改革产生了动摇。"七年春，天下久旱，饥民流离，帝忧形于色，对朝嗟叹，欲尽罢法度之不善者。安石曰：'水旱常数，尧、汤所不免，此不足招圣虑，但当修人事以应之。'帝曰：'此岂细事？朕所以恐惧者，正为人事之未修尔。今取免行钱太重，人情咨怨，至出不逊语。自近臣以至后族，无不言其害。两宫泣下，忧京师乱起，以为天旱更失人心。'"王安石竭力否认有不利言论。后郑侠呈所绘《流民图》，并上疏曰："旱由安石所致。去安石，天必雨。""侠又坐窜岭南。慈圣、宣仁二太后流涕谓帝曰：'安石乱天下。'帝亦疑之……"

在一片反对声中，加上变革派内部的分裂，王安石也看到了新法难于继续推进，于是不得不表示辞意。熙宁七年（1074）四月，王安石乞求解除机务，六次上书，最后神宗恩准，以观文殿大学士出知江宁府。

王安石罢相，推荐韩绛为相，吕惠卿为参知政事，继续维持新法。王安石刚离开朝廷时，韩、吕二人尚能"守其成"，但不久，王安石一手提拔的吕惠卿便对他落井下石。他一味迎合宋神宗的旨意，推行王安石在位时就以为不便而拒绝推行的"以田募役"法。他又害怕王安石再回政府，于是标新立异，创立了所谓"手实法"（即官府根据一定标准确定物价，老百姓根据官府定价申报自己的财产），其目的在于清查户籍等级，以平均役钱。但其实施相当复杂，甚至百姓的鸡鸭猪狗都要一一作价登记，引起"上下骚动"。韩绛察觉到吕惠卿的野心，于是乘机向神宗建议使王安石复相。神宗接受了韩绛的建议，于熙宁八年（1075）二月重新起用王安石为相。

王安石复相后，废除了"以田募役"法，引荐被吕惠卿排斥的吕嘉问重领市易司事，不拘一格擢用新人，积极推行新法。这些人与吕惠卿意见多有不合。王安石所颁行的《三经新义》曾经吕惠卿兄弟修改，王安石上疏神宗请用自己的旧本，于是二人裂隙更大。熙宁八年（1073）六月，王安石生病，神宗只允许王安石处理少量政事，以便养病。吕惠卿则乘机攻击王安石屡屡称病不治事，以此要挟神宗。御史中丞邓绾（wǎn）据王安石儿子王雱（pāng）意，弹劾吕惠卿在华亭县借富民钱买田收租，吕惠卿上章自辩。同年十月，吕惠卿被罢政出知陈州。邓绾又奏三司使章惇与吕惠卿协力为奸，章惇出知湖州，至此，改革派分崩离析。

改革派的分裂使王安石痛心。而此时的宋神宗也不再对王安石言听计从。并不再支持王安石推行市易法。熙宁八年（1075）十月，天空出现彗星，守旧派富弼、吕公著、张方平等相继上疏，以"天变"攻击新法和王安石，要求神宗立即停止新法。王安石据理力争，并主张对不附新法者治罪，但遭神宗拒绝。这一切，都使王安石陷入困境，新法难于推行。

到熙宁九年（1076）春天以后，王安石身体有病，屡求辞职，罢相归田。六月，其爱子王雱病逝，使其在精神上极度悲伤。神宗对王安石也越发厌恶。至十月，神宗同意王安石二次罢相，出判江宁府，但他也不到府衙任职，至次年六月，即辞去江宁府职务。

王安石两次出任宰相，又两次被迫罢相。这既给他推行新法提供了平台和权力保障，又充分体现了改革派和守旧派激烈的博弈。

用人之失

《宋书·本传》的《论曰》曾引朱熹论王安石之语说："安石乃汲汲以财利兵革为先务，引用凶邪，排摒忠直。"朱熹完全是站在反对变法的立场上来看问题的，但其所谓"引用凶邪"却并非无据。查王安石执政期间引荐和重用的一些人，多有阴险狡诈和反复无常之人。如郑侠，此人素为王安石所重。郑侠亦以王为知己，为其尽忠效力。后郑侠曾多次给王安石写信，言变法已侵犯百姓利益，王未听。熙宁七年（1074）春久旱不雨，饥民流离，人情浮动，新法面临考验。正值此时，郑侠将自己所绘图密献神宗，并在其奏疏中说："旱由安石所致。去安石，天必雨。"三天后，天果降大雨，王安石等人入贺，神宗给他们出示《流民图》，并将他们痛斥一顿。后郑侠虽遭众怒而入狱，但他无疑是在王安石背后捅了一刀。唐坰，此人熙宁初年因力主斩反青苗法大臣而"安石尤喜之"，荐其廷对，赐进士出身。神宗薄其人，让他知钱塘县，王安石欲留之，令邓绾荐其为御史。但将为谏官时，"安石疑其轻脱，将背己之名"，于是未除谏官。唐坰怒王安石"易己"，曾上二十疏论时事，未被理睬，于是唐坰于"百官起居日""叩陛请对"。在神宗面前，唐坰不但呵斥王安石，而且大声宣读自己的六十条疏奏，攻击"安石专作威福，曾布等表里擅权，天下但知惮安石威权，不复知有陛下"；并说王安石"逆意者虽贤为不肖，附己者虽不肖为贤"，以致诋毁王安石为李林甫、卢杞。再如李定、曾布、章惇等，多为奸邪之徒，而王安石用人之失最典型的例子莫过于吕惠卿。

王安石初拜参知政事，设立制置三司条例司，神宗让他和陈升之共同负责，王安石实际上即让其同党吕惠卿主管其事，权任极重。此后，王安石对吕惠卿"朝夕汲引"，到他第一次罢相时，又推荐吕惠卿为参知政事。这个原本只是真州推官的吕惠卿得王安石提携爬上副宰相高位后，为避免王安石再回来执政，于是就想一脚踢开王安石。他借郑侠案陷害王安石的弟弟王安国；强行推行王安石已拒绝推行的"以田募役"法，又标新立异创"手实法"，闹得上下骚动不安。王安石复相后，不循资历选用新人，又与吕不合。加上因修改《三经新义》事，二人之间裂痕日大。故在王安石养病期间，吕惠卿乘机攻击他屡称病不治事。后吕惠卿虽被贬知陈州，但他的所作所为深深动摇了神宗对王安石的信任，直接导致了王安石的二次下野。其实，早在王安石变法之初，提拔吕惠卿为置制三司条例司检详文字时，司马光就对神宗说："惠卿险巧，非佳士，使安石负谤于中外者皆其所为。安石贤而愎（刚愎自用），不闲世务，惠卿为之谋主，而安石力行之，故天下并指为奸邪。"与此同时，司马光又亲自写信给王安石说："谄谀之士，于公今日诚有顺适（一切顺从）之快，一旦失势，将必卖公自售矣。"（《宋史·吕惠卿传》）忠言逆耳，刚愎自用的王安石根本不听来自持不同政见者的告诫，最后的事实是司马光不幸言中，吕惠卿果然在王安石失势之时出卖王安石以自保。

王安石是一位极其杰出的政治家，对政治斗争和用人之道多有清醒的认识。如他在熙宁五年（1072）给神宗的《上五事书》中就说："和戎之策已效矣""青苗之令已行矣。惟免役也，保甲也，市易也，此三者有大利害焉。得其人而行之，则为大利；非其人而行之，则为大害"。看来，他对新法某些条款推行的效果是有清醒估计的，特别是在用人方面，他认识到了免役、保甲、市易这三项政策事关重大，而其成败之关键就在于是否能"得其人"。但是认识是一回事，实际又是另一回事。在王安石的改革如日中天之时，大概也有点忘乎所以。凡附己者，一律提拔；凡逆己者，一概斥黜，这使得阴巧如吕惠卿之流得以扶摇直上。当局者迷。王安石沉迷于一片胜利、欢呼之中，忘记了他所谓的"得其人而行之，则为大利；非其人而行之，则为大害"。王安石还写过一篇《知人》的小文，文章很短，其中心论点是"贪人廉，淫人洁，佞人直，非终然也"，并举王莽、晋王广和郑注为例以证之。文末更说："知人则哲，惟帝其难之。"文章句句警峭，发人深思。但反观王安石一生，他似乎并未真的弄明白自己所讲的道理。他在变法过程中始终信任奸佞小人吕惠卿、曾布之流，以致养痈遗患，使自己处于极为狼狈的境地，可见他并非一位"知人则哲"的聪明人。历史证明：王安石的改革之所以遭到失败，"非其人而行之"是其重要原因之一。由于用人失误，导致政治改革崩盘，这个教训是极其沉痛的。

知错能改

一提起王安石，人们往往想到他的刚愎自用，再加上相传曾巩曾说王安石"吝于改过"，因此，"死不认错"似乎成了人们对王安石本性的一种认定。其实，这也是不全面的。王安石确有刚愎自用的一面，并因此给自己的事业和声誉带来了不少负面影响，为此付出了不少代价。但他也并非"死不改悔"。当他确实认识到自己错了的时候，他还是不吝改过的。

王安石变法，不少人反对，其实这些反对变法、批评新法的并非都是坏人，包括司马光在内，人们也大多不认为王安石是祸国殃民的"大奸慝（tè，邪恶）"，只是用人不当。而王安石由于急于事功和过度自信，误将持不同政见者都视为仇敌，一味排挤、打击，伤害了许多正直士大夫的感情，这确是事实；但他后期从认识和行动上有所醒悟和改正，也同样是事实。他曾写过一篇《原过》的文章，顾名思义，是论述人们的"过失"的。文中有曰："天有过乎？有之，陵历斗蚀（谓星辰超越本身轨道进入他星轨道，常指日、月食）是也；地有过乎？有之，崩弛竭塞（指地震、水灾等引发的自然灾害）是也。天地举（都）有过，卒不累覆（指天覆盖宇内）且载（指地承载万物）者何？善复常（恢复其常性）也。"文章指出：既然天地都不能无过，人非圣贤，谁能没有过错？只要能改过就不害其本性。文章还批评了世俗之人言改过者"非其性也"的错误说法。这说明王安石在理论上对人会犯错误和知错能改是有比较正确的认识的。

王安石不但对改错问题在理论上有认识，而且在实际生活中也不断矫正自己的错误和缺失。如他在变法后期，已对自己在变法过程中的某些过激行为有所认识，并且也在努力恢复和一些旧日僚友间的关系。欧阳修反对新法的某些条款，王安石曾对这位恩师表示不满，并说过狠话，但当熙宁五年（1072）欧阳修逝世时，王安石满怀深情地写下了《祭欧阳文忠公文》，对欧阳修的道德风范及文章极表感佩，"临风想望，不能忘情"；韩琦曾三朝为相，反对王安石变法，王安石曾对他极不客气，但熙宁八年（1075）韩琦逝世后，王安石又写下了《韩忠献挽词二首》，对韩琦的丰功伟绩予以充分肯定；再如苏轼，曾上万言书不赞成新法，以后对新法也屡表不满，但"乌台诗案"后，已致仕的王安石表示不应对苏轼严加治罪；元丰七年（1084），苏轼由黄州团练副使量移为汝州团练副使，路过江宁府，专程拜见王安石，"留连数日，唱和甚欢"，王安石大大称赞苏轼，并劝其留江宁养老。

由此可见，王安石虽有刚愎自用的一面，但他又是一位既能坚持原则，又能知错改错的人，并非知错不改，顽固不化。

爱子之死

王安石之子王雱，字元泽，"为人慓悍阴刻，无所顾忌。性敏甚，未冠，已著书数万言……举进士，调旌德尉"。"雱气豪，睥睨一世，不能作小官。作策三十余篇，极论天下事，又作《老子训传》及《佛书义解》，亦数万言。"(《宋史·王安石传》）当时王安石执政，所用多为年轻人，王雱也想参与政事，就和王安石商量说：执政者的儿子虽不可干预政事，但研究儒家经典还是可以的。王安石同意王雱的意见，于是就把他所作策论及所注《道德经》刻板印刷，然后在大街上出售，这样，皇上很快就知道了王雱。此时又有王安石的亲信邓绾、曾布竭力举荐，于是神宗召见王雱，除太子中允、崇政殿说书。宋神宗又多次与之交谈，王雱又受诏写了《诗义》《书义》。书成，王雱升为龙图阁直学士，可见，其仕途十分畅达。

王雱虽年少，但其变革现实的思想比其父有过之而无不及。他常称商鞅为豪杰之士，认为不诛杀对新法持异议者则新法难于推行，即主张在肉体上消灭持不同政见者，以扫清推行新法的道路。有一次，王安石和程颢谈话，王雱"囚首跣（xiǎn，光着）足，携夫人冠以出，问父所言何事"。王安石告诉他说："以新法数为人所阻，故与程君议。"王雱即大声说道："枭（xiāo，砍下人头悬挂）韩琦、富弼之头于市，则法行矣。"由此可见，王雱不仅是个改革派，而且堪称改革派中的极左派。

熙宁八年（1075）二月，王安石复相，王雱被推为龙图阁直学士，王雱表示辞意，吕惠卿就劝神宗答应王雱的辞职请求，因此，吕惠卿和王氏父子间的嫌隙愈加明显。当时吕惠卿为蔡承禧所攻击，居家待命。王雱则让御史中丞邓绾弹劾吕惠卿与华亭县知县张若济为奸利之事。吕惠卿被关入狱中，后出守陈州。因华亭狱案久不成，王雱就让其门下客吕嘉问、练亨甫共同商议，取邓绾所列吕惠卿事，杂以他书交到狱中，此事王安石并不知晓。在陈州的吕惠卿得知此事后，写奏状给神宗，并且讼告王安石："安石尽弃所学，隆尚（崇尚）纵横之末数，方命矫令，罔上要（yāo，要挟）君。此数恶力行于数岁之间，虽古之矢志倒行而逆施者，殆不如此。"同时，"又发安石私书曰'无使上知'者"。神宗拿到这些材料后给王安石看，王安石矢口否认此事。王安石回家后问王雱，王雱详述其中缘由，王安石责备了王雱。王雱对此十分气愤和怨恨，"疽发背死"，时年三十三岁。

对于爱子的英年早逝，王安石"尤悲伤不堪，力请解机务"。可见，王雱之死，对王安石是一次巨大的精神打击，这无疑也是他二次罢相的原因之一。

与曾巩之恩怨

曾巩祖籍南丰，后长期移居临川，和王安石可谓"大老乡"。王安石在中进士之前，已经结识了当时的文坛秀士曾巩。王安石将自己的文章给曾巩看，"友生曾巩携以示欧阳修，修为之延誉，擢进士上第"（《宋史·王安石传》）。可见，王安石于庆历二年（1042）中进士，与曾巩的推荐、欧阳修的延誉不无关系。此后王安石与欧阳修、曾巩一直保持着亲密的往来。庆历三年（1043）王安石曾写过一篇《同学一首别子固》的文章，称曾巩为江南之贤人，"非今所谓贤人者，予慕而友之"。文章写得情深意切，不仅表明了他与曾巩之间的友谊，而且对曾巩的道德文章赞叹有加。

此前，曾巩曾写过一首《怀友》诗，表达了对王安石的深切思念。曾巩的《年谱考略》说："子固《怀友》一首，最后，见收于《能改斋漫录》，此自是子固少年之文，非其至者。然而二公立志之早，望道之卓，终其身能砥行立名于后世，至今六七百年，未能有继之者，尤不能无重感于斯文也。"很长一段时间，曾王二人情深意笃，即使远隔千里，也不曾隔断他们的友谊。曾巩有一首《江上怀介甫》："江上信清华，月风亦潇洒。故人在千里，樽酒难独把（一人喝酒）……朱弦任尘埃，谁是知音者！"其对王安石情意之深切，溢于言表。

王安石的新法出台后，曾巩明确表示了不赞成的态度，其《过介甫归偶成》一诗云："结交谓无嫌，忠告期有补。直道讵非难？尽言竟多忤。知者尚复然，悠悠谁可语？"由这首小诗我们不难想象他们之间关于新法的一次不愉快交谈：曾巩直抒胸臆，向王安石表达了对新法的不满，对他加以"忠告"，而王安石将此认为是曾巩对自己的"非难"，由于二人"尽言竟多忤（不合）"，所以曾巩慨叹，多年的老朋友尚且如此，其他人的话恐怕就更听不进去了。由此可见，"变法"成了截断他们二人友谊链条的利剑。

此后，王安石积极推行新法，曾巩对新法虽不满，但鉴于众多知名之士因反新法而被废逐的现实，采取了较为中庸的态度，在多年的地方官任上，尽量避开新法与自己认识上的矛盾，没有给新派人物抓住什么重要把柄，所以也未被列为主要打击目标。这样，表面看，曾巩和王安石并未公开反目，但二人之间的友情已几乎荡然无存。直到王安石罢相，二人之间虽还有书信往来，但总是不那么愉快。如王安石在给曾巩的一封信中，透露出他"连得书（曾巩给他的信）"，信中曾巩指责他所谓的"经"乃乱俗之"佛经也"。对此王安石加以反驳说："子固视吾所知为尚可以异学乱之者乎？非知我也。方今乱俗不在于佛，乃在于学士大夫沉没利欲，以言相尚，不知自治而已，子固以为如何？"不见二人友谊，但有唇枪舌剑。

二人矛盾日深，关系也日渐疏远。元丰六年（1083），曾巩去世，当时许多社会名流写诗哀悼，但已闲居金陵的王安石对此却无任何反应，二人之间的"友谊"尚存几何，于此可见一斑。

与政敌司马光

凡讲到北宋之"熙宁变法"与"元祐更化"者,无人能避开王安石与司马光二人;凡读过王安石《答司马谏议书》者,无人不知二人是政治上的对头。王安石与司马光持不同政见,斗争激烈,这是事实;但若真的以为二人是不共戴天的冤家对头,则未必然。

《宋史·王安石传》曰:"安石与光素厚,光援朋友责善之义,三诒(进,致)书反复劝之(指新法),安石不乐。"这里给我们透露了两点信息:一是王安石和司马光原是"素厚"之"朋友";二是二人因对变法持不同观点而分道扬镳。

司马光生于1019年,卒于1086年;王安石生于1021年,卒于1086年。司马光年长王安石两岁,二人又同年去世,可谓"年相若"。司马光于仁宗宝元元年(1038)中进士,王安石于仁宗庆历二年(1042)中进士,并多次为同僚,如仁宗至和元年(1054),二人同为群牧司判官;治平四年(1067),二人又同为翰林学士,可见二人少不了交往。王安石力主变法;司马光在仁宗嘉祐年间多次上书言事,在讲到财利之事、选人之道等问题时,观点与王安石颇有相同之处。由此,我们甚至可以说二人"道相似"。王安石也承认他们"游处相好之日久"。那么,这两位"年相若""道相似"的朋友,何以长期处于对立的境地呢?王安石在《答司马谏议书》中说:"窃以为与君实游好相之日久,而议事每不合,所操之术多异故也。"关键在于"所操之术多异",即改革社会的主张不同:司马光主要讲"省用""节流",反对与民争利,而王安石则重在"开源"。司马光与欧阳修等人主张"择吏为先",而王安石则主张"择术（措施、办法）为先"。这正是二人在政治上反目的根本原因。

在二人同为翰林学士时，一次神宗召学士议政，司马光讲"救灾节用"，王安石认为"当世之务"在于"得善理财者"，这样可以"不加赋而国用足"。司马光认为这些所谓"善理财者"设法夺民，其害乃甚于加赋。二人争议不已，神宗则表示"朕意与光同"，但也并未照司马光的意见办。后王安石推行新法，司马光多次写信表示反对。熙宁三年（1070）二月，司马光给王安石写了一封长达四千言的长信——《与王介甫书》，全面批评新法，王安石立即回了一封——《答司马谏议书》，从"侵官、生事、征利、拒谏"和"天下怨谤"等方面逐条驳斥了司马光的观点。接着司马光又有给王安石的第二封信，又逐条驳斥了王安石对他的指责，可见二人在政见方面的分歧是无法弥合的。

有一次，神宗和司马光交谈后，想重用司马光，于是去征求王安石的意见。王安石说，司马光"所言尽害政之事，所与（交往）尽害政之人"，如重用司马光，等于给反对派树立了旗帜。后王安石因韩琦上疏反新法而称病"卧家求退"，神宗于是拜司马光为枢密副使，司马光坚决推辞。司马光提出的条件是"罢制置条例司，追还提举官，不行青苗、助役等法"，否则决不上任。司马光以端明殿学士知永兴军，此后又居洛阳十五年，主要精力在编修《资治通鉴》。可见，王安石两次罢相，都与司马光无直接关系。哲宗即位，高太后听政，重用司马光实行"元祐更化"，尽废新法。

司马光和王安石这对原来的朋友，因政治观点不同而一直对立到他们生命的终结，但司马光从未把王安石当成坏人。元祐元年（1086）三月王安石病逝，司马光在《与吕诲叔简》中说："介甫文章节义过人处甚多，但性不晓事而喜遂非……今方矫其失，革其弊，不幸介甫谢世，反复之徒，必诋毁百端。光意以谓朝廷特宜优加厚礼，以振起浮薄之风。"司马光不仅充分肯定了王安石的道德文章，而且以超然大度对王安石变法中的疏失予以谅解；不但建议朝廷对王安石"宜优加厚礼"，而且指出要防止"反复之徒"对王安石的"诋毁百端"。这充分显示了二人之间的深知、信赖和理解。

其实，王安石和司马光除政见有所不同外，都是光明磊落的政治家、道德文章卓著的仁人君子。《三朝名臣言行录》引《邵氏闻见录》云："荆公（王安石）温公（司马光），不好声色，不爱官职，不殖（zhí，滋生）货利，皆同……二公平生相善，至议新法不合，始著书绝交矣。"此说颇为公允。在"文恬武嬉"的北宋，能够做到不好声色、不爱官职、不聚财货者，可谓凤毛麟角。王安石熙宁变法，司马光元祐更化，二人政见不同，各行其是，但都是为了国家，而非各营其私。

与尊师欧阳修

欧阳修比王安石大十四岁，宋仁宗宝元、庆历之间，欧阳修文名已遍天下，奖励后学不遗余力。曾巩将王安石推荐给欧阳修，欧阳修为之呐喊，据说当时欧阳修请曾巩转致王安石，请他到府上面谈，但王安石始终没有登门，这也很符合王安石狷介的性格。

嘉祐二年（1057），王安石入朝为群牧判官，此时欧阳修也完成出使契丹的使命回到朝廷，为礼部尚书，权知审刑院。欧阳修对王安石依旧十分看重，写了一首诗《赠王介甫》送给他："翰林（指李白）风月三千首，吏部（指韩愈）文章二百年。老去自怜心尚在，后来谁与子争先？朱门歌舞争新态，绿绮尘埃试拂弦。常恨闻名不相识，相逢樽酒盍留连。"对王安石的诗文给予高度评价，并表示相识的强烈意愿。王安石为此答诗《奉酬永叔见赠》曰:"欲传道义心虽壮,强学文章力已穷。他日若能窥孟子,终身何敢望韩公?"把欧阳修比作当代的孟子和韩愈,极表赞美之意。在此后一年内,王安石又一连给欧阳修写过几封信,并附上自己所作新诗。并在信中说:"某以不肖,愿趋走于先生长者之门久矣。初以疵贱不能自通,阁下亲屈势位之尊,忘名德之可以加人,而乐与之为善。顾某不肖,私门多故,又奔走职事,不得继请左右。及此蒙恩,出守一郡(知常州),愈当远去门墙……"也高度评价了欧阳修,并表达深深的仰慕之意。当时王安石知常州,后又提点江南东路刑狱。欧阳修对王安石十分关注。他在《再论水灾状》中,对知池州的包拯、知襄州的张瑰、崇文院检讨吕公著和王安石大加褒扬,称王安石"学问文章,知名当世,守道不苟,自重其身,议论通明,兼有时才之用,所谓无施不可者"。他建议朝廷重用此四人,"置之左右,必有裨补"。

熙宁变法开始后,欧阳修知青州,对青苗法多有批评。王安石虽有不满,但似乎还未伤二人之间的私人感情。熙宁三年(1070),王安石同平章事(宰相),欧阳修知后,于次年春写了《贺王相公拜相启》,对王安石"受万乘(指神宗皇帝)非常之知"并未表示异议。后欧阳修请求退休,有人请挽留,王安石曾说过像欧阳修这样的人"在一郡则坏一郡,在朝廷则坏朝廷,留之安用"的狠话,此事欧公或不知,或知而未予理睬,二人并未因此反目。至欧阳修去世,王安石写下了《祭欧阳文忠公文》,说出了"予心之所向慕而瞻依""临风想望不能忘情者,念公之不可复见,而其谁与归"之类发自肺腑的话语。

王安石和欧阳修虽有因政见不同引起的不快,但二人在数十年的交往中,互相尊重、仰慕、称颂是其私谊之基调。由于欧阳修的宽仁大度,故二人生前不曾公开反目;由于王安石知错能改,在欧公去世后,写祭文高度评价欧阳修的道德、文章和功业,极表仰慕向往之深情,终使二人的友谊有了一个较为圆满的结局。

忘年知己王令

王令（1032—1059）是北宋仁宗朝颇负盛名的年轻诗人。他比王安石小十多岁，且一生未仕，却与王安石结下深厚友谊，成为王安石一生中始终如一、无嫌无隙的唯一知己。

王令五岁而孤，由叔父王乙抚养。从十六七岁开始，即离开叔父自谋衣食，在高邮（今江苏高邮）一带聚徒授学糊口。仁宗至和二年（1055），王安石从舒州通判任上被召入京，路过高邮，王令写《南山之田》一诗投献王安石，希望见到这位勤于民事的父母官。王安石对王令的文采及风范大加赞赏，二人遂结忘年之交。此后几年，王安石声名鹊起，由于王安石的赞扬，王令的诗名也与日俱增。

王安石和王令之间赠答唱和之作甚多，王令虽比王安石年少，且一生未曾入仕，但他始终只把王安石看作朋友和知己。据葛立方《韵语阳秋》载：王令"作荆公书皆称'介甫'，作诗皆称'君'，所谓'行藏愿与君同遭，只恐蹉跎我独羞'"。由于他们对社会现实有完全相同的认识，这种"同道"之思想基础使他们之间珍贵的友谊保持始终。王令是一介城市贫民，他广泛接触社会底层，亲身体验了下层百姓的疾苦，对当时社会政治的腐败黑暗看得更清，认识更深。他曾写过一首《寄王介甫》的七律，对"天下滔滔昔已非"的社会现实表示不满，并劝告王安石，对这个已经无可救药的社会不要再抱任何希望，并表示最好的出路是脱离现实，退处隐居，以求洁身自好。尽管王安石没听王令的劝告，仍然坚持自己的社会改革，但他在给王令的回信中似也表达了这种意愿。

王令十分珍惜和王安石之间真挚的友情，而对当时一些趋炎附势的小人的攀附之风深恶痛绝。王安石显贵之后，不少士子希望通过王令去结识王安石，以达飞黄腾达之目的。王令对此十分厌恶。《王直方诗话》有云："王令逢原，广陵人。既见知于王荆公，声誉赫然，一时附丽之徒，望风伺候，守牧冠盖，日满其门，进誉献谀，初不及文字间也。逢原厌之，大署其门云：'纷纷间巷士，看我复何为？来则令我烦，去则我不思。'意当有知耻者，而干谒不衰。"王令不但不为别人的干谒牵线搭桥，并且自己始终不靠和王安石的关系去谋求一官半职。他终身白衣，二十八岁即英年早逝。

王安石和王令始终保持着纯真的友情，王令死后，王安石万分悲痛，此时身为宰相的他写下了《王逢原墓志铭》一文，不但以"无常产而有常心"的"古之所谓士"来称许王令，而且畅谈了他和王令的交往："始予爱其文章，而得其所以言；中予爱其节行，而得其所以行；卒予得其所以言，浩浩乎其将沿而不穷也；得其所以行，超超乎其将追而不至也……"对王令的文章、节行给予了极高的评价，对王令这位忘年交的布衣朋友寄托了无限的哀思。

王令去世后很久，王安石对他仍旧不能忘怀，又写下了多首诗表达对王令的思念之情，如其《思逢原二首》："蓬蒿今日想纷披，冢上秋风又一吹。妙质不为平世得，微言惟有故人知……""百年相望济时功，岁路何知向此穷。鹰隼奋飞凤羽短，骐麟埋没马群空……想见江南原上墓，树枝零落纸钱风。"不仅表达了失去挚友后自己心境之落寞，而且也深为失去同道知己而深感遗憾。

王安石和王令可谓君子之交，王令也成为王安石心目中唯一一位最完美的朋友。

颁行《三经新义》

王安石进行变法，他深知人才的重要，为了把自己的思想灌输给学校的生员，他在对科举进行改革、对学校进行整顿后，开始着手对"教材"下功夫。他主持设置了经义局，由他和吕惠卿、吕升卿及自己的儿子王雱等人共同撰写经义，作为学校的读本和科举考试的依据。

王安石是变革派，有人曾封他为"大法家"，其实王安石的思想基础是儒家，他是北宋著名的经学家，提倡效法尧、舜，但他对儒家经典并不迷信，并不照搬，而是"深思而慎取"，对先儒的东西有所分析，有所扬弃，如对先儒的一些传注，多弃而不用，甚至斥《春秋》为"断烂朝报"，不使列于学宫，表现了一定的反传统、不因循精神。

经义局完全在王安石主导下进行工作，一切以王安石思想为主导。熙宁八年（1075）二月，王安石复相，六月间，《诗义》《书义》和《周礼义》三书撰成，并进呈神宗。神宗将其颁布于学宫，谓之《三经新义》。其中《诗义》和《书义》多出于王雱和吕惠卿、吕升卿之手，而《周礼义》则全由王安石亲自撰写。《周礼义》尽管是对古代典籍的诠释，但实际上是王安石政治思想的集中体现。《三经新义》颁行后，王安石因《诗义》经吕惠卿兄弟修改，有不合己意处，遂于同年九月，将新旧本一起进呈神宗，并上疏说明情况，请将《诗序》用吕升卿的解释，而《诗义》仍用王安石自己的旧本。此事虽惹得吕惠卿兄弟不快，导致了他们日后在改革方面的更大分裂，但对《三经新义》的改动，还是照王安石的意见办了。

《三经新义》一经颁行，遂成为各类学校和科举考试的法定的教材，

"一时学者，无敢不传习，主司纯用以取士，士莫得自名一说，先儒传注，一切废不用"。对于三经的解释，一切以王安石说了算，学生不许有自己的看法。王安石就是企图通过这样的思想灌输，来培养和选拔拥护改革的官员，使改革得以顺利推进。可惜的是，当《三经新义》颁行之时，改革派内部已经分崩离析，神宗对王安石也不再言听计从，王安石的改革举步维艰。熙宁九年（1076）春，王安石因病屡求罢相归田，至十月，获神宗批准。出判江宁府，这无疑预示了王安石变法失败的前途。

痛惜神童伤仲永

王安石是唐宋古文八大家之一，其散文名作颇多，其中有一篇知名度颇高的杂文，名叫《伤仲永》。王安石为什么要为仲永而"伤"？这篇不足三百字的小文又为何知名？我们还得从仲永本人的经历和王安石由此阐发的人生道理说起。

方仲永是江西省金溪县人，家里世代务农。五岁时即能题诗四句，并自题诗名，诗以养父母、收养同族孤寡人为意，为同乡秀才称道。乡里人对他十分惊异，并稍以宾客之礼待其父亲，有人甚至给点钱。他的父亲贪图这点好处，于是每天拉着他四处拜见地方上的绅士，而不让他读书。

王安石久闻此事，宋仁宗明道年间见过方仲永，当时他已十二三岁，让他作诗，其诗与其名声已大不相称；又过了几年，仲永二十岁时，王安石再次问到他时，他已"泯然众人矣"，和普通人没有什么区别了。文章在叙写了方仲永由神童变为庸人的全过程后，深有感慨地议论说："仲永之通悟（理解知识的能力，即聪明才智），受之天也（指天赋）。其受之天也，贤于材人远矣（比一般有才之人高多了）。卒（最终）之为众人，则其受于人者不至也（接受后天教育不够）。彼其受之天也，如此其贤也，不受之人，且为众人；今夫不受之天（没有好的天赋），固众人；又不受之人，得为众人而已耶（能够成为众人吗？即连作一般人也不可得）？"

王安石写此文时年仅二十三岁。他有感于仲永之父把他当成摇钱树，而不让他读书学习，结果沦为"众人"，写此文发表自己的见解：即使是天赋很好的人，也必须靠必要的后天教育；至于禀赋一般的人，则更应该重视后天教育。这里提出了如何造就人才这个带有普遍意义的重大问题，表达了作者朴素的唯物主义认识论观点，表现了年轻的王安石已显露出一位政治改革家认识问题的深刻性。

方仲永是个悲剧人物。他本来可能成为一位出色的诗人或才华出众的人，但他的天才被他贪图小利的父亲扼杀了。王安石对此深感痛惜，写此文以告诫世人。方仲永的悲剧和王安石的议论，不仅在当时有警世的作用，而且至今仍富借鉴意义。

同病相怜咏明妃

明妃，就是王昭君。昭君字嫱，汉元帝时以良家女子被选入宫，貌美而长期受到冷遇。后因和亲，汉元帝将她送给了匈奴的呼韩邪单于（事见《后汉书·南匈奴传》）。晋人因避司马昭讳，故改昭君为明君，后人遂称王昭君为"明妃"。宋仁宗嘉祐四年（1059），王安石作《明妃曲》二首，引起强烈的社会反响，其原因何在呢？我们且看其诗之第一首：

明妃初出汉宫时，泪湿春风鬓脚垂。低徊顾影无颜色，尚得君王不自持。归来却怪丹青手，入眼平生几曾有？意态由来画不得，当时枉杀毛延寿。一去心知更不归，可怜着尽汉宫衣。寄声欲问塞南事，只有年年鸿雁飞。家人万里传消息，好在毡城莫相忆。君不见咫尺长门闭阿娇，人生失意无南北。

全诗十六句，大体分为四部分：开头四句写王昭君离开汉宫赴匈奴时的情态；接下来四句是写汉元帝杀画工毛延寿之事；再四句写昭君在匈奴思汉朝，想家人；末四句写家人对昭君的宽慰。

历来写昭君的诗、文、赋多如牛毛，但多是写她留恋君恩，而王安石此诗写王昭君思念的是故国、故乡和亲人，而不是什么"君恩"。这就一反传统，翻出了新意，扩大了作品的社会意义。再者，诗中称汉元帝枉杀毛延寿，这也是翻了历史旧案。据葛洪《西京杂记》载：汉元帝后宫佳丽极多，不能一一召幸。于是就让画工毛延寿给她们画像，以供汉元帝按图选召。当时很多宫女都贿赂毛延寿，独王昭君恃其美貌而不行贿，毛延寿就把她画得很丑，所以始终未被召幸。乃至她赴匈奴时，汉元帝才发现她的姿色为后宫第一，并为之神魂颠倒，但已无法挽回，因而怒杀毛延寿。对此王安石说："意态由来画不得，当时枉杀毛延寿。"这不是王安石说毛延寿应该受贿，而是说汉元帝"按图"召幸太荒唐，何不自己去看一看？欧阳修在《再和明妃曲》中说得更明白："虽能杀画工，于事竟何益？耳目所及尚如此，安能万里制夷狄！"意思是说，自己耳目所及之事尚且如此，更不用说对敌作战了！这实际上是说，造成王昭君不幸的根源，不是画工毛延寿，而是昏君汉元帝，这也与传统看法大不相同。这些一反传统的观点，无疑是翻出了新意，让读者耳目一新。

当然，王安石咏昭君，并非发思古之幽情，而是借古喻今。王安石虽怀"矫世变俗"之大志，但一直未受重用。嘉祐四年（1059），仁宗召王安石入京作了三司度支判官，他写下了《上仁宗皇帝言事书》，洋洋万言，极言改革之必要，并提出了一系列改革措施，但是并未引起仁宗重视。一股怀才不遇之气郁结胸中，故写《明妃曲》以泄胸中不平。王昭君是绝代佳人，但因汉元帝昏庸而被远嫁匈奴和亲；她在匈奴思国、思乡、思亲人，亲人只能回信安慰她"好在毡城莫相忆"，并以陈皇后被幽闭在长门宫，虽与汉武帝只有咫尺之遥，但同样是失宠，来劝她说："人生失意无南北。"不论身在南国还是北方，碰上了昏君都一样倒霉。王昭君是失意者中的一个，王安石自己何尝不也是一个失意之人？诗中极写王昭君的绝色，写她的不幸和对国家、对亲人的怀念，倾注了作者深切的同情，实际上都是作者自己的牢骚话：碰上昏君，在哪儿都一样！王安石借王昭君之酒杯浇自己之块垒，对朝廷的昏暗不明、不善识别和任用人才表示了极大的忧愤。而这也正是这两首诗引起广泛社会反响的根本原因。

王安石这两首《明妃曲》一问世，随即在诗坛和社会上引起很大反响，当时政坛和诗坛很多重量级人物如欧阳修、梅尧臣、司马光、刘敞等均写了和诗，引起很大的社会轰动。

荣膺雅号"野狐精"

作为文学家，王安石以文章和诗著名，不以词名家，但其词对宋词在题材和风格上的开拓都产生了影响。

王安石一生写词不多，《全宋词》所载仅有二十九首。但其内容和风格却多种多样，名篇迭出，如《菩萨蛮》（数间茅屋闲临水）、《渔家傲》（灯火已收正月半）、《渔家傲》（平岸小桥千嶂抱）、《浪淘沙令》（伊吕两衰翁）、《千秋岁引》（别馆寒砧）等。但其最为传诵的词作则是《桂枝香·金陵怀古》。

　　《桂枝香·金陵怀古》写于宋英宗治平四年（1067）。这一年英宗去世，神宗即位，王安石被任命为江宁知府，时年四十九岁。江宁古称金陵，即今江苏省之南京市，曾是六朝古都。王安石"登临送目"，看到金陵胜景，回想六朝悲恨相续的历史，联系目前国家的现状，遂写下这首名作。

　　词的上片主要是写景，写自己登临所见："正故国晚秋，天气初肃，千里澄江似练，翠峰如簇。征帆去棹残阳里，背西风酒旗斜矗。彩舟云淡，星河鹭起，画图难足。"一句"澄江似练，翠峰如簇"，即把金陵这个虎踞龙盘之地刻画无遗。江山如此多娇，自然会引起作者对祖国大好河山的赞美与热爱之情。但下片笔锋一转，归入"怀古"。在金陵这个六朝古都"怀古"，自然是离不开六朝短命而亡的历史教训。东吴、东晋和南朝的宋、齐、梁、陈，都因统治者的荒淫腐朽而亡国。王安石在回顾六朝统治者"繁华竞逐"的史实和"悲恨相续"的可耻结局后，把目光由历史转到现实——"六朝旧事随流水"，历史上的兴亡已成过去。往事无痕，但见"寒烟衰草"，空给后人留下凭吊之资。但王安石吊古、怀古，更多的则是忧虑现实："至今商女（卖唱歌女），时时犹唱后庭遗曲。"如今的秦淮河畔，依旧是灯红酒绿，腐败的统治者仍在这里消受着《后庭花》这样的靡靡亡国之音。

　　人所共知：此时北宋建国已经百年，社会虽还维持着表面繁荣，但已矛盾重重，危机四伏。面对积贫积弱的现实，统治者却不思励精图治，而是君臣上下沉溺于歌舞酒色之中。作为一个政治改革家，王安石面对祖国的大好河山，缅怀历史陈迹，联系到当前统治者的腐败和社会风气的堕落，一种不祥的预感涌上心头。一想到大宋王朝的江山将被昏庸荒淫的统治者葬送掉，其激烈的情怀难以抑制。结句的"至今商女，时时犹唱后庭遗曲"，即毫不隐讳地指责宋朝统治者不知吸取前代"门外楼头，悲恨相续"的惨痛教训。长此以往，必将重蹈历史的覆辙，表现了王安石对北宋统治者苟安享乐、不思治国的强烈不满和对宋王朝前途命运的深切忧虑。

王安石此词的主旨，正集中表达了当时有识之士们对时局的看法，可以说是一种时代思想潮流。所以此词一出，立即引起强烈反响，在词坛掀起了一股《桂枝香》热，有数十位词人都以此调填词，堪称词坛盛事。《历代诗余》卷一四零引宋人杨湜《古今词话》云："金陵怀古，诸公寄调于《桂枝香》者三十余家，惟王介甫最为绝唱。东坡见之叹曰：'此老野狐精也。'"一首词作能让三十余位词坛名家唱和，确为历代文坛仅有。苏轼之所以叹称王安石为"野狐精"，意思是说王安石的词虽非正宗，人却是十分精灵之人，即指此词虽不合词之正宗，但十分工致，寓意深刻，极表赞赏之意。的确，王安石此词意境开阔，章法严谨，笔力雄健，写景和抒情相衬，怀古和讽今结合；情景交融，古今贯通；词中大量化用前人诗句，但不僻不晦，恰到好处，在思想和艺术上均不愧为宋词中的上乘之作。《圣求词序》说："世谓少游（秦观）诗似曲，子瞻曲似诗，其然乎？至荆公《桂枝香》词，子瞻称之：'此老真野狐精也。'诗词各一家，惟荆公备众作。艳体虽乐府柔丽之语，亦必工致，真一代奇材。"极称王安石此词兼备诗词之特色，用语艳丽而工致，并以"一代奇材"誉之，王安石亦当受之无愧。

精深简淡"半山体"

王安石的诗歌不仅数量多，有一千五百余首，而且自成一家，颇有特色。

王安石的诗歌，以其二次罢相退居江宁为界，明显地分为前后两期。

前期诗歌多属政治诗，于唐，他倡导并认真学习杜甫；于宋，则有意追随梅尧臣、欧阳修。他的《感事》《河北民》《收盐》《兼并》《省兵》等，密切联系社会现实，抒写自己济世匡俗的抱负，其《入塞》《送赵学士陕西提刑》《西师》《次韵元厚之平戎庆捷》等，抒写其爱国情感；其《众人》《赐也》《王章》《即事六首》之二等，表示了对推行新法的坚定意志；其《商鞅》《韩信》《贾生》等咏史怀古之作，也多为有感而发，寓意深刻。这些作品虽有议论过多，形象不够丰满，语言也较为生硬等不足，但其高度的思想性和刚朗劲健的风格，也足以使其诗独树一帜。

退居江宁至去世的十年间，由于政治生涯和生活环境的变化，其诗歌的内容和风格也都与前期明显有别。王安石退居江宁之后，摆脱了繁忙的政务，愉悦于佳山丽水之间，不仅诗歌的数量大增，而且在艺术上也因潜心经营而大有进益。陈师道《后山诗话》所谓"荆公之诗，暮年方妙"，指的正是他归隐后的精绝之作。

王安石归隐江宁后，思想上十分矛盾。一方面，他继续关心新法，写了一些歌颂新法成效的诗作，如《歌元丰五首》《元丰行示德逢》《后元丰行》等；也写了一些曲折言志之作，如《北陂杏花》中之"纵被春风吹作雪，绝胜南陌碾成尘"等。另一方面，由于神宗对推行新法愈来愈动摇，新法随时都有搁浅的可能，这又使他十分苦闷、忧虑。为了排解精神上的苦闷，他不得不借助于佛理和游山玩水。

王安石晚年好佛，写过不少与佛门佛理有关的诗作，如《示宝觉三首》《示无著上人》《寓言三首》《拟寒山拾得二十首》等，都表明他远离世情的思想。而这一时期写得最多，也最为精彩的则是他的写景之作。他经常骑驴出游，寄情山水，陶冶性情，便写了大量山水田园诗。由于他生活和心境相对宁静，所以也有时间和精力对自己的诗歌在艺术上加以雕琢，走上杜甫"老去渐于诗律细"的路子，在格律、对仗、用典等方面都精益求精。如其《钟山即事》："涧水无声绕竹流，竹西花草弄春柔。茅檐相对坐终日，一鸟不鸣山更幽。"又如其《江上》："江北秋阴一半开，晚云含雨更低回。青山缭绕疑无路，忽见千帆隐映来。"再如其《登飞来峰》："飞来山上千寻塔，闻说鸡鸣见日升。不畏浮云遮望眼，自缘身在最高层。"再如其《北山》："北山输绿涨横陂，直堑回塘滟滟时。细数落花因坐久，缓寻芳草得归迟。"这些小诗无不表现出这位政治改革家晚年闲适的生活、宁静的心境，同时也清楚地表现出其诗风从刚朗劲健向精深简淡的转变。

相传有一次黄庭坚到金陵拜见王安石，问道："丞相近来有何佳作？"王安石指着墙上的诗答道："茅檐长扫净无苔，花木成畦手自栽。一水护田将绿绕，两山排闼（推门，撞开门）送青来。"（此诗为《书湖阴先生壁》）黄庭坚对此赞不绝口。王安石晚年诗作既长于取境，又精于锤炼，渐多深婉不迫之趣。叶梦得评其诗曰："王荆公晚年诗律尤精严，造语用字，间不容发。然意与言会，言随意遣，浑然天成，殆不见有牵率排比处。"（《石林诗话》卷上）黄庭坚也说："荆公暮年作小诗，雅丽精绝，脱去流俗……"（《苕溪渔隐丛话》前集卷三五引）王安石这种以七绝为主的小诗，精美绝伦，风格独特，严羽在论宋诗流变时，专门列出了

"王荆公体",后人亦称"半山体"。明人胡应麟说:"介甫五七言绝,当代共推。"(《诗薮·外编》)清人陈衍说:"王半山备众体,精绝句。"(《石遗室诗话》卷八)

王安石诗风的转变,他自己在艺术上是做了极大努力的。他在评张籍诗时说:"看似寻常最奇崛,成如容易却艰辛。"(《题张司业诗》)这其中也包含着他自己对创作甘苦的体会。王安石的"半山体"在当时独树一帜,对后世颇有影响,如江西诗派的代表人物黄庭坚,南宋"中兴四大诗人"之一的杨万里都得益于王诗。杨万里曾作诗曰:"船中活计只诗编,读了唐诗读半山。不是老夫朝不食,半山绝句当早餐。"(《读诗》)"半山体"为宋诗的发展另开一条新路,至今仍广为流传,为人们所喜爱。

炼一"绿"字长精神

王安石是北宋最有成就的诗人之一,作诗态度十分认真。他非常重视诗歌字句的锤炼,尤其喜欢改诗。他不仅为同时代人刘贡父、王仲至改诗(见《王直方诗话》),而且还为前人改诗,如谢贞的《春日闲居诗》中有"风定花犹舞"一语,王安石认为"舞"字不好,于是将其改为"落"字,《彦周诗话》称其一改,"其语顿工"。王安石既有改他人诗之癖好,更有改自己诗的习惯,其中最为人们称道的是其修改《泊船瓜洲》一例。

宋神宗熙宁八年(1075)二月,王安石二次拜相,奉诏入京,舟次瓜洲,有感而作七绝《泊船瓜洲》:"京口瓜洲一水间,钟山只隔数重山。春风又绿江南岸,明月何时照我还。"王安石自景祐四年(1037)随父定居江宁(今南京)后,江宁就成了他的一处栖息之地。他第一次罢相后,即寓居江宁之钟山(紫金山)。此次离开钟山赴任,感情相当复杂。首句以轻快的笔调写自己从京口渡江抵达瓜洲。京口在今江苏省镇江市，与长江北岸的瓜洲（在今江苏邗江南）隔江相望，一水之隔，顷刻即到。次句写在瓜洲回望钟山。遥远的钟山，在诗人看来，不过是"只隔数重山"，近在咫尺，表达了诗人赴任时愉快的心情和对钟山的依恋。三四句则更进一步表现了诗人矛盾的心情："春风又绿江南岸"，春回大地，万物生机盎然，这与诗人奉诏回京，重沐皇恩的心情十分和谐，但"明月何时照我还"一语则分明表现了诗人对复杂政治斗争形势的忧虑。变法图强，是他的政治理想；悠游林下，是他的生活理想。鉴于变法遇到的强大阻力和他本人受到的来自各方面的攻击，他又强烈希望自己能早日辞官归隐。这一"还"字，充分体现了诗人对政治斗争的厌倦和刚登程已盼归期的心境。

这首写景抒情的小诗构思新颖别致，情景交融，使人读之余味无穷。但这首诗之所以知名度高、为人们喜爱，重要原因之一则是其色彩鲜明，形象生动，尤其工于炼字。据宋人洪迈《容斋续笔》卷八载："吴中士人家藏其稿，初云'又到江南岸'，圈去'到'字，注曰'不好'，改为'过'，复圈去而改为'入'，旋改为'满'。凡如是十余字，始定为'绿'。"王安石认为"到""过""入""满"等字"不好"，主要原因在于这些字都只是从"春风"本身的流动而言，既显得抽象，又未写出春风的个性和本质。而著一"绿"字，即写出了万物"春风吹又生"的特点：春回大地，春风拂煦，千里江岸，一片新绿。不仅把春天写得生机盎然，使全诗顿长精神，而且也使读者为之神情一震，喜悦万分。

当然，用"绿"字描写春风，发明权不归王安石。唐代诗人的诗中已经屡见，如李白《侍从宜春苑奉诏赋龙池柳色初青听新莺百啭歌》："春风已绿瀛洲草，紫殿红楼觉春好。"丘为《题农父庐舍》："东风何时至？已绿湖上山。"温庭筠《敬答李先生》："绿昏晴气春风岸，江漾轻轮野水天。"王安石最后确定"绿"字，或受前人启发，但他绝非抄袭前人，而是精益求精，反复推敲，融注了自己的心血，写出了新意，的确是青出于蓝而胜于蓝了。

八股文之祖师

王安石是著名的政治改革家、思想家和唐宋古文八大家之一，而"八股文"长时间以来被人们视为"历史陈迹""文化垃圾"，称为禁锢人们思想的形式主义文体，把王安石和八股文挂上钩，似乎有点风马牛不相及的味道，但历史就是如此，王安石的的确确是八股文的祖师爷。

中国以考试取士的科举制度始于隋朝隋文帝开皇十八年（598）。科举，就是"分科举（举荐）人"之意。隋炀帝大业三年（607），开始以"策、论取士"，从而开创了"以文取士"的科举制度。唐代不断发展、完善了科举制，其主要科目有进士、明经、秀才、俊士、明法等多种，而最受社会和士子青睐的是进士科。唐初，进士科仍以"策、论取士"，至唐高宗时，则改为以诗、赋取士。宋沿唐制，仍以诗、赋取士。至仁宗朝，范仲淹、宋祁等"意欲复古劝学"，提出以策论代替诗赋取士，仁宗赞同并发布了"科举新法"的诏书，但遭到了多数士人的抵制和反对。改革不到一年，即以大败告终，科举考试又一切如故。王安石锐意变法，但他深知：实行变法的基础和保证是科举制的改革，即培养和选拔合格的变法人才。他在《上仁宗皇帝言事书》中已明确提出改革学校贡举之法，认为"方今之急，在于人才而已"，要求废除学校的"无补之学"，以"朝廷礼乐刑政之事"和"先王之法言德行治天下之意"来培养"可以为天下国家之用"的人才。仁宗未采纳王安石的意见，但神宗一即位，就力排众议，极力支持王安石改革科举法。熙宁三年（1070）"始策进士，罢诗、赋、论三题"；熙宁三年（1070）十二月王安石正式拜相后，即全面改革学校和贡举之法。熙宁四年（1071），神宗发布诏书，宣布"罢诗、赋及明经诸科，代以经义、论、策试士"。王安石又亲自拟定了新科举法的具体规定，明确提出了以儒家"一道德"育人的教育方针，正式对科举法和学校法实施变革，并为其做了两件十分具体的工作：一是创立制义体制；二是亲自训释《诗》《书》《周礼》，著成《三经新义》。后者是作为学校的统一教材，而前者则是奠定了后世八股文的基础。

所谓"制义"，其实就是后世通称的"八股文"。《明史·选举志二》："其文略仿宋经义，然代古人语气为之，体用排偶，谓之八股，通谓之制义。"吴晗在其《朱元璋传》第五章中也说："科举各级考试，专用'四书''五经'出题。文体略仿宋经义，但要用古人思想行文，并且只能根据几家指定的注释发挥，绝对不许有自己的见解。格式排偶，叫作制义。"制义又称经义、时文、时艺、八比文等，明清时代因其题目取之于"四书"，故又称四书文，是元明清各代科举考试的专用文体。王安石首创制义体制，为这类文章"定格式""立程式"。这种文体虽"与论体相仿"，但"为法较严"。王安石还身体力行，率先写下了"以经言命题"的文章《知者动仁者静》《浴乎沂》等，作为这种文体的范式。熙宁四年（1071）以后，制义以"代圣贤立言"跨进贡院，以"各言其心之所得"登上文坛。从此，王安石主编的《三经新义》成为全国各类学校的统一教材，儒家的圣贤之言成为制义文章的唯一指导思想，而王安石给制义文定下的"格式""程式"就成为统一的文体格式。

其实，王安石所定宋代制义，只为八股文奠定了初步框架，元明清各代逐渐补充完善。明初的四书义和五经义，虽仿宋代之经义，但还未形成八股文的定式，只有到了明代成化年间之后，功令四书文才有了破题、承题、起讲、起比（亦曰提比、起股）、中比（亦曰中股）、后比（亦曰后股）、束比（亦曰束股）、大结这八个部分，且后四比（股）要求各有排偶两段，"八股之制，于是大备"。这种八股文的功令程式，直至清末都无大变。

王安石变法，在经济领域的变法是根本的，但由于触犯了封建王公们的根本利益而遭强烈反对，最后以失败告终；但其在上层建筑领域的改革，特别是对学校贡举法的改革，却获得了成功。清代康熙年间进士俞长城说："制义之兴，始于王半山，惜存文不多。半山之文，其体有二：或谨严峭劲，附题诠释；或震荡排奡（ào，矫健），独抒己见。一则时文之祖也，一则古文字之遗也。"（《可仪堂一百二十名家制义序》）。他称王安石为"时文之祖"，不为虚誉。

"自奉至俭" 惹争议

《宋史·本传》载："安石未贵时，名震京师，性不好华腴，自奉至俭，或衣垢不澣（洗），面垢不洗，世多称其贤。蜀人苏洵独曰：'是不近人情者，鲜不为大奸慝（tè）。'作《辨奸论》以刺之……"

王安石未贵时，当然是指他在熙宁二年（1069）出任参知政事之前。他长期出任地方官，取得了很好的政绩，获得了"恬退"的声誉，又不好奢华，自奉至俭，故世人多称其贤达。但苏洵却认为王安石的节俭"不近人情"，是大奸似忠，故作《辨奸论》讽刺他。关于苏洵写《辨奸论》一事，目前尚有争论，但不管此文是否苏洵所写，仅凭王安石"衣垢不澣，面垢不洗"就断定他必为奸佞，都实在是太主观主义和夸大其词了，应属不实之词。

但问题的关键还在于我们如何认识和理解王安石的不洗衣服不洗脸。我们知道，王安石入相之前，多年主动要求做地方官，不做京官。做地方官多有政绩，他除了繁忙的公务之外，又是散文家、诗人、经学家，写作和学术研究也耗去他极大精力；且王安石胸怀"矫世变俗"之大志，决心改变国家积贫积弱的现状。他对当时官僚的"文恬武嬉"、苟安享乐的风气十分厌恶，对百姓的苦难十分同情，所以他"性不好华腴，自奉至俭"，完全是出于本性的一种自觉行动。朱熹曾赞王安石和司马光"不好声色，不爱官职，不殖货利"。在北宋时期，不是官迷、财迷、色迷的官员可以说是寥若晨星。像这样品德高尚之人，终日忧国忧民，哪会顾得上去计较个人的衣着外表和生活享受？世人称其贤达，的确是对其公允的评价。至于王安石是否真的是"衣垢不浣，面垢不洗"，倒是大可怀疑的。王安石当时还不至于为节水去过"低碳生活"，他不可能有这个认识，即使今人有这个认识，也不会有这个行动。不洗衣服不洗脸，蓬头垢面，衣履不整，普通百姓尚不如此，何况王安石是个勤政爱民的地方官，以这副尊容去见下属和黎民百姓，实在是难以想象的、不可思议的。王安石偶有"衣垢不浣，面垢不洗"的情况是可能的，可以理解的，今人也多会有这种情况，但将此理解为王安石生活之"常态"，那无疑是夸大了，是不真实的；如果再深一步，将此举动认为是王安石有意的"伪装"，以"俭朴"来掩盖自己"奸佞"的本质，那就不只是冤枉了王安石，而且有"以小人之心度君子之腹"之嫌疑了。

王安石"性不好华腴，自奉至俭"是一点不假的，是其优秀品德，他因此获得了当时人和后人的赞誉；王安石"衣垢不浣，面垢不洗"只是"或（有时）"如此，是偶然情况，不是常态。我们万不可以"不讲卫生"来认识此事，更不可以"奸佞""伪饰"来厚诬先贤。

小档案

王安石（1021—1086），字介甫，号半山，抚州临川（今江西临川）人。他出生于儒学仕宦之家，其父王益，是个颇有政绩的下级官吏。王安石青少年时代随父宦游四方，对社会有一定的接触和了解。宋仁宗庆历二年（1042）中进士，任淮南节度判官。为实现自己的政治抱负而屡求外任，先后出任鄞（jǐn）县令、舒州通判、知常州、提点江东刑狱等职，颇有政绩。仁宗嘉祐四年（1059）入京任度支判官，不满于国家的积贫积弱，立志"改易更革"，写了《上仁宗皇帝言事书》，提出了一整套改革措施，但仁宗、英宗均未采纳。神宗即位，王安石又任江宁知府、翰林学士等职。熙宁二年（1069），王安石出任参知政事，次年又任宰相，开始了历史上有名的"熙宁变法"，积极推行农田水利、青苗、均输、免役、市易、保甲等法，以期富国强兵，巩固宋王朝的封建统治。但新法遭到因循苟且的旧官僚们的坚决反对，王安石曾于熙宁七年（1074）罢相，熙宁八年（1075）复出，又于熙宁九年（1076）罢相。封荆国公，世称王荆公。晚年退居金陵，信奉佛、道，以游山玩水、读书著述为事。宋哲宗元祐八年（1086）病逝于钟山，享年六十六岁，谥号"文"，后世又称王文公。

王安石是一位著名的思想家和政治家，列宁誉之为"中国十一世纪时的改革家"。他的改革具有极其重要的进步意义。

王安石又是一位杰出的文学家。他反对西昆派，把文学看作政治斗争的工具,强调文章要明道,经世致用,重视作品的社会意义。其散文成就颇高,尤以议论文、墓志和"记"体文成就最大,文字简洁、直抒胸臆、见解精深、结构严谨,形成雄健峭拔的风格,对宋代古文运动做出了积极贡献,是唐宋古文八大家之一。其诗成就最高。前期诗多反映社会现实,思想性强;而其咏物抒怀、酬答赠别的近体诗,风格独特,艺术上臻于成熟。其后期诗被称为"半山体",亦称"王荆公体",对江西诗派及南宋诗人颇有影响,历来为人们所重视。其词虽然不多,但意境开阔,"一洗五代旧习"。

王安石名段名言

时然而然，众人也；已然而然，君子也。(《送孙正之序》)

人习于苟且非一日，士大夫多以不恤国事，同俗自媚于众为善。(《答司马谏议书》)

古之人观于天地、山川、草木、虫鱼、鸟兽，往往有得，以其求思之深而无不在也。夫夷以近，则游者众；险以远，则至者少。而世之奇伟、瑰怪、非常之观，常在于险远，而人之所罕至焉，故非有志者不能至也。(《游褒禅山记》)

苏轼：

历经仕途坎坷，一蓑烟雨任平生

千年以来，关于他的传说故事太多了，这当中既有竹杖芒鞋轻胜马的从容，也有蜉蝣天地、明月清风的广博，更有他戴着斗笠、穿着木屐和贩夫走卒谈笑的那份率真。每一个中国人的心里都有一个苏东坡，而在不同的人生境遇里，你总会遇见他。

少年英才

苏轼幼年聪慧，然其父苏洵宦游四方，故其启蒙教育由其母亲程夫人亲授。

苏轼的母亲程氏是大理寺丞程文应的女儿，知书识礼，深明大义。她不但教孩子们识字，而且常以古代仁人志士的事迹来鼓励孩子。苏轼八岁入乡校，老师是天庆观的道士张易简。三年后苏轼又从乡校回到家中，接受父母的教育。十岁时，母亲为他讲述《后汉书·范滂传》。范滂是东汉末年的名士，有节操，"慨然有澄清天下之志"，终因党锢（gù）之祸而被宦官杀害。当时汉灵帝昏聩，大诛所谓"党人"。范滂为了不牵累别人而去自首，临行与母亲告别，他让母亲"割不可忍之恩，勿增感戚"；其母说："汝今得与李（膺）、杜（密）齐名，死亦何恨！"母亲讲到范滂，慨然叹息。苏轼在一旁听得也很受感动。他对母亲说：如果我做了范滂那样的人，母亲会同意吗？程夫人回答说：你能成为范滂，我为什么不能成为范滂的母亲呢？苏轼听了非常激动，"奋励有当世志"。其母也十分高兴，说："吾有子矣！"（苏辙《亡兄子瞻端明墓志铭》）

苏轼学习非常用功，进步也很快。苏洵对其学业悉心指教，读书作文，专心致志。苏洵在《上张侍郎第一书》中说：苏轼和苏辙"进趋拜跪，仪状甚野，而独于文字中有可观者。始学声律，既成，以为不足尽力于其间。读孟、韩（愈）文，以为可作，引笔书纸，日数千言……年少狂勇，未尝变更，以为天子之爵禄，可以攫取"。可见老苏对儿子的了解和自信。读书作文之外，苏轼还兴趣广泛，钻研琴棋书画等艺术，尤其喜欢书法和绘画。对于书法，他"幼而好书，老而不倦"；对绘画，他也到了"轻生死而重画"的程度。他日后成为北宋著名的书法家和墨竹派画家，都是由于青少年时期打下了坚实的基础。

苏轼的少年生活也并非只是枯燥的学习，而是丰富多彩的。在其后来的诗文中，经常回忆起这段田园生活的情趣："我昔少年日，种树满东冈"（《戏作种松》）。"我时与子皆儿童，狂走从人觅梨栗。健如黄犊（dú，小牛）不可恃，隙过白驹那暇惜。"（《进表弟程六知楚州》）"我昔在田间，但知牛与羊。川平牛背稳，如驾百斛舟。舟行无人岸自移，我卧读书牛不知。"（《书晁说之〈考牧图〉后》）他或东冈种树，或从人觅梨，或与群童堂下戏鸟，或与兄弟登高游水，或一边读书，一边放牛，这充满了乡间野趣的生活，对他人格、性情的形成，无疑都起到了重要的作用。

到他二十一岁随父出川进京应试时，已是一位"学通经史，属文日数千言"的才子，在学识和修养两方面都相当成熟。他一举进士及第，名列前茅，当是情理之中的事。难怪其父苏洵在两个儿子金榜题名后，感慨万分地说："莫道登科易，老夫如登天；莫道登科难，小儿如拾芥。"（《无名氏·史阙》）苏轼之所以登金榜易如俯拾草芥，恰恰证明了他是个难得的英才。

金榜题名

苏轼、苏辙兄弟学业有成，老苏深感欣慰，同时也深感应该尽快让他们参加科举考试，求取功名，而不再像自己这样屡试不第，成为"湮沦（埋没）弃置之人"。于是他携其二子出入于成都尹张方平门下，求其向韩琦、欧阳修等人推荐。

宋仁宗嘉祐元年（1056）三月，苏轼兄弟第一次随父亲离开眉山，经阆中（今四川阆中一带），出褒斜（今陕西勉县北）道，穿越秦岭，跨过关中，从陆路到达汴京。当时的进士考试分为府试、省试（礼部试）和殿试三次。苏轼兄弟顺利通过府试，入京参加省试。嘉祐二年（1057）的礼部考试由欧阳修主持，著名诗人梅尧臣也任考官。这次考试，苏轼写的文章是《刑赏忠厚之至论》。当时文坛风气不好，除骈文流行外，又出现了艰涩怪异的文风，欧阳修对此十分不满，决心通过科举考试改变文风，倡导淳朴自然的风尚。梅尧臣看到苏轼的文章后，十分惊喜，"以为异人"（苏辙《亡兄子瞻端明墓志铭》），准备将其录取为第一。但当时的考卷都是糊名（考生名字被遮盖）的，考官不知道答卷人姓名。欧阳修唯恐这份答卷是其得意门生曾巩所作，为了避嫌，故意将其取为第二，闹了一场小小的误会。但礼部复试，苏轼中了第一，殿试又中了第一等"进士及第"（宋朝自太宗后，将进士分为三等：进士及第、进士出身、同进士出身）。苏轼金榜高中，赶紧写信对诸位考官表示感谢。欧阳修在《与梅圣俞（尧臣）》一文中说："读轼书不觉汗出，快哉，快哉！老夫当避路，放他出一头地也。可喜，可喜！……轼所言乐，乃某所得深者尔，不意后生达斯理也。"对苏轼的文章和见识赞赏备至。据宋人朱弁（biàn）《曲洧（wěi，古水名）旧闻》卷八载，欧阳修曾对他儿子说，再过三十年，人们就只知道苏轼，而不会再说到我欧阳修了。欧阳修既感到后生可畏，更为苏轼的文章出色而高兴，并且也有意无意地感觉到：未来文坛盟主的责任可以交付给苏轼了。对苏轼寄以极高的期望。

苏轼、苏辙同时金榜高中，苏洵的文章也被朝廷上下广为传诵，"一日父子隐然名动京师，而苏氏文章遂擅天下"。由于欧阳修等人的竭力赞扬，苏轼的文名亦广为人知。苏轼这位北宋文坛光芒四射的新星正在冉冉升起。

王氏姐妹

说到苏轼的婚姻状况，人们往往只谈及其原配夫人王弗及其侍妾王朝云，而很少谈及其继室王氏，实为一大缺憾。

宋仁宗至和九年（1054），十九岁的苏轼娶眉山青神王弗为妻。王弗不仅品行"谨肃"，而且聪敏文静；不但经常陪苏轼读书，而且常常帮助苏轼交往，因此二人感情笃深，十分恩爱。但不幸的是，到英宗治平二年（1065），王弗即病逝于京师，时年三十岁。苏轼为其撰写《亡妻王氏墓志铭》，叙其殡葬情况及其家世，尤其详叙其侍公婆之"谨肃"，与其知书识礼，佐苏轼从政之事。此后苏轼宦海浮沉，到宋神宗熙宁八年（1075），四十岁的苏轼为密州（今山东诸城）知州。此年正月二十日苏轼夜梦王弗，遂写下千古悼亡名作《江城子·乙卯正月二十日夜记梦》一词："十年生死两茫茫，不思量，自难忘。千里孤坟，无处话凄凉。纵使相逢应不识，尘满面，鬓如霜。　夜来幽梦忽还乡。小轩窗，正梳妆。相顾无言，惟有泪千行。料得年年断肠处，明月夜，短松冈。"此词以质朴的语言、白描的手法，倾吐了对亡妻的无限思念。昔日夫妻间琴瑟和谐的生活场景，妻子死后自己的岁月蹉跎，以及对亡妻的无限哀情，都一一呈现于词中，历来脍炙人口。故王弗也因此词给后人留下了不可磨灭的印象。词中所表达的诗人对亡妻深挚、纯真的爱，使无数后人深受感动，以致有人说，苏轼一生不忘结发妻子王弗，故终身不复再娶。苏轼对王弗情深，这是毫无疑问的。但说苏轼为王弗而终身不娶，则大谬不然。究其原因，大概是人们淡忘了苏轼的继室、王弗的堂妹王闰之。

王闰之字季章，何时与苏轼结婚，史无明载。苏轼《祭亡妻同安郡君（即王闰之）文》云："昔通义君（王弗）没不待年，嗣为兄弟，莫如君贤。"据此可知，在王弗死后不到一年时间，她即成为苏轼之继室。据赵德麟《侯鲭录》载，宋哲宗元祐七年（1092），苏轼知颍州，正月，州堂前梅花盛开，月色明亮。王夫人曰："春月色胜于秋月色，秋月令人惨悽（qī），春月令人和悦。何如召赵德麟辈饮此花下。"苏轼大喜，曰："吾不知子亦能诗耶，此真诗家语耳。"由此可知，王闰之是一位颇富文学情趣的女子。苏轼的儿子苏迨、苏过均为王闰之所生。苏轼与王闰之感情很好，王闰之相夫、教子、持家都很不错。元祐八年（1093）八月一日，王闰之卒于京师，时年四十六岁。苏轼为其撰《祭亡妻同安郡君文》，称其"妇职既修，母仪甚敦（宽厚）。三子如一，爱出于天。从我南行，菽水欣然"。确是一位贤妻良母。苏轼还极为沉痛地写道："已矣奈何？泪尽目干。旅殡国门，我实少恩。惟有同穴，尚蹈此言。"据说她临终之夕，留下遗言：舍所受用，使其子迈、迨、过为画西方阿弥陀佛。绍圣元年（1094）六月九日，像成，奉安于金陵清凉寺。苏轼为撰《画西方阿弥陀佛赞》。王闰之去世之后，时任门下侍郎（相当于副宰相）的苏辙于九月十八日，与其新妇史氏致祭王氏，并写下《祭亡嫂王氏文》，感激与哀痛之情溢于言表。

王弗是苏轼原配夫人，二人共同生活十年左右，感情深厚，并生下长子苏迈；王闰之是继室，与苏轼共同生活二十多年，生下两个儿子，是苏轼生活中最重要的伴侣，二人感情同样深厚；王朝云陪伴苏轼达二十三年之久，苏轼也最喜欢朝云，但朝云只是侍妾而已。

据此我们说，是王弗、王闰之堂姐妹二人相继为苏轼之正妻，并非王弗死后苏轼不再娶妻。否则，其子苏迨和苏过均为"庶出"了。

爱妾朝云

在苏轼坎坷的一生中，王朝云这个女子占有不可忽视的地位。

据惠洪《冷斋夜话》载，朝云者，姓王氏，钱塘名妓也。苏子瞻官钱塘（杭州），绝爱幸之，纳为常侍，朝云初不识字，既事子瞻，遂学书，粗有楷法。宋神宗熙宁七年（1074），苏轼通判杭州，纳朝云为妾，说她是"名妓"，并不确切。苏轼纳她为妾时，她只有十二岁，十二岁的女孩子，即使为妓，亦是"雏妓"，算不得"名妓"，大概应是乐籍之女儿。宋代士人颇得唐人狎妓之遗风，风流倜傥的苏轼也极喜欢与歌妓交往。年仅十二的王朝云，能歌善舞，善解人意，苏轼十分中意，遂收为侍女，后纳为侍妾。

苏轼虽有妻子，但朝云始终以爱妾的身份伴随苏轼，也颇得苏轼欢心。据宋人费衮（gǔn）《梁溪漫志》卷四载：东坡一日退朝，食罢，扪（mèn，抚摸着）腹徐行。顾谓侍儿曰：汝辈且道是中有何物（你们说说我腹中有什么东西）？一婢遽（急忙）曰：都是文章。坡不以为然。又一人曰：满腹都是识见。坡亦未以为当。"至朝云，乃曰：学士一肚皮不入时宜（不合时宜）。坡捧腹大笑。"苏轼的"捧腹大笑"，是对朝云说法的首肯，大有"知我者，朝云也"之意。

朝云曾为苏轼生下一子，但在苏轼由黄州团练副使移任汝州团练副使途中，这个不满周岁的儿子不幸夭折。

元祐八年（1093），哲宗亲政，变质的新党执政，苏轼被视为元祐党人（旧党）而接连遭黜，最终贬为宁远（今湖南宁远）节度副使，惠州（今广东惠阳）安置。苏轼即将家安置在阳羡（今江苏宜兴），在小儿子苏过和侍妾王朝云的陪同下奔赴贬所。

在惠州，苏轼曾写下《朝云诗并引》，其序中有云："予家有数妾，四五年相继辞去。独朝云者随予南迁。因读乐天集，戏作此诗。"此诗作于绍圣元年（1094）十一月。绍圣三年（1096）七月五日，朝云病逝于惠州。苏轼撰《朝云墓志铭》："东坡先生侍妾曰朝云，字子霞，姓王氏，钱塘人，敏而好义，事先生二十有三年。忠敬若一。绍圣三年七月壬辰（五日），卒于惠州，年三十四。八月庚申，葬之丰湖之上、栖禅山寺之东南。生子遯（dùn），未朞（jī，周岁）而夭。盖常从比丘尼（尼姑）义冲学佛法，亦粗识大意。且死，诵《金刚经》四句偈以绝。铭曰：浮屠是瞻，伽蓝是依。如汝宿心，惟佛之归。"可知朝云受苏轼影响，对佛教有兴趣，并成为一名佛徒。

苏轼对朝云，可谓一往情深；而朝云对苏轼，确为患难与共的知己。

上书神宗批新法

神宗熙宁二年（1069），王安石出任参知政事，提出"变风俗，立法度"为当务之急，着手变法。熙宁三年（1070），王安石出任宰相，设立制置三司条例司，全面实施变法。当苏轼为苏洵守丧期满，第三次回到京城时，正赶上这场变革兴起。

苏轼从青年时代起就热切关注现实，力主改革。仁宗末年，他在其《进策》中就提出过不少好的见解。但他强调"得人"而忽视"法制"；主张渐变而不赞成突变；主张"节用"却不重视理财，这就使他与王安石的变法产生了尖锐的矛盾。出于忠心和为国为民，苏轼写下了著名的《上神宗皇帝书》，洋洋万言，针锋相对地全面批评新法，并阐述了自己的政治见解。

在这封万言书中,苏轼开宗明义提出了自己的政治建议:"臣之所欲言者三,愿陛下结人心、厚风俗,存纲纪而已。"在谈到"结人心"时,他说道:"人主所恃者,人心而已。人心之于人主也,如木之有根,如灯之有膏(油脂),如鱼之有水,如农夫之有田,如商贾之有财。"并指出:当今人心之不悦者就在"制置三司条例""复人心而安国本,则莫若罢制置三司条例司""罢之而天下悦,人心安,兴利除害,无所不可"。否则的话,"臣恐陛下赤子,自此无宁岁矣"。就是说,不罢去制置三司条例司,天下百姓将无宁日。接着又指出农田水利法"甚非善政",两税之外另收庸钱,会使百姓"必怨无疑";青苗法所谓"不许抑配"(强行摊派)之说,亦是"空文",其结果必定会"亏官害民";均输法朝廷投入很多,而"所损必多"。他举了一个很有意思的例子:"今有人为其主牧牛羊,不告其主,而以一牛易五羊。一牛之失,则隐而不言;五羊之获,则指为劳绩。"极言青苗法、均输法等之得不偿失,并且质问神宗:"陛下以为坏常平而言青苗之功,亏商税而取均输之利,何以异此?"最后又语重心长地劝神宗,不要听信那些"贪功之人"的"侥幸之说","若陛下信而用之,则是循高论而逆至情,持空名而邀实祸",民怨必起。

在谈论"厚风俗"时,他明确提出:"国家之所以存亡者,在道德之深浅,不在乎强与弱;历数之所以长短者,在风俗之厚薄,不在乎富与贫。道德诚深,风俗诚厚,虽贫且弱,不害于存而长;道德诚浅,风俗诚薄,虽强且富,不救于短而亡。"强调道德之深,风俗之厚,乃是国家长治久安之根本。"惟陛下以简易为法,以清净为心,使奸无所缘,而民德归厚"。

在谈论"存纲纪"时,他明确指出要加强御史台和谏院,因为"台谏所言，常随天下公议"。他提醒神宗："臣恐自兹以往（从今而后），习惯成风，尽为执政私人，以致人主孤立。纲纪一废，何事不生？"一定要加强监察工作，不可让宰相集权过重，否则，纲纪已坏，后患无穷。

此文除向神宗皇帝献三言之外，又重申了自己过去已经给神宗提出过的意见，即作为人主，"不患不明，不患不勤，不患不断，但患求治太速，进人太锐（快），听言太广"。即是说神宗用王安石变法是"求治太速"，急于求成，而欲速则不达；"进人太锐"，提拔官员太快，难免鱼龙混杂；"听言太广"，什么人的话都听，难免偏听偏信，其矛头仍是指向王安石变法。

这封给神宗皇帝的上书，和当时神宗竭力支持并实际推行的"熙宁变法"大唱反调，全面论述了王安石变法的种种弊端，反对急功近利，提出了自己的变革主张，把"结人心，厚风俗，存纲纪"作为治国的根本之道。这是苏轼对王安石变法最集中、最系统也最激烈的批判，是苏轼一生政治见解的集中体现。

平心而论，苏轼此文的确看到了王安石变法的一些弊病，这表现了他的政治敏感和认识问题的深刻；但他全盘否定新法，也自有其片面和保守之处。这封上书本身并未直接给他带来灾难，但他此后的一系列坎坷和挫折，根源确在这里。随着时间的推移，在社会实践和新旧两党的激烈斗争中，苏轼对新法的认识也产生了一定变化，如肯定新法中的某些举措，反对旧党全盘废除新法等。他在晚年与朋友滕达道的信中曾说，过去自己对新法虽也是"此心耿耿，归于忧国"，但"所言差缪，少有中理"（《与滕达道书》）。说明他已认识到虽然自己的出发点是"忧国"，但有些话说得不在理。这也充分体现了苏轼诚恳坦率、光明磊落的政治品质。

修筑西湖苏公堤

熙宁四年（1071），苏轼因不满新法，遭人嫉恨，乞外任以避之，出为杭州通判。当时新法正如火如荼地推行。苏轼不但于诗中对新法的某些弊端表示不满，而且"常因法以便民，民赖以少安""吏民畏爱，及罢去，犹谓之学士，而不言姓"。

哲宗元祐四年（1089），苏轼因与旧党中某些人政见不合，不能见容，于是又求外任，即以龙图阁学士知杭州。苏轼自熙宁七年（1074）离开杭州至此已经有十几年的时间，但杭州"吏民习公旧政，不劳而治"。这一年正赶上大旱，"饥疫并作"。苏轼向朝廷请示，免除本路上供米三分之一，故米价不涨；又多方筹款买米以救饥民。次年春天，又减价卖"常平米，民遂免大旱之苦"。苏轼又多方筹资，作饘（zhān）粥，药剂，救治百姓，活者甚众。这年秋天又下大雨，太湖泛滥，毁坏庄稼。苏轼知来年必有饥荒，于是又向朝廷请求免除上供米一半，又筹资多买平价米储备，以备明年平价卖出。因此，吴越之民皆免于流离失所。他还想方设法帮助百姓解决了吃淡水的问题。

相传中唐白居易为杭州太守，修白堤，放西湖水入运河，灌田千顷。然湖水多葑（fēng，菰菜之根），易堵塞水流，须年年疏通，而"近岁废而不理，至是湖中葑田积二十五万余丈，而水几无矣。运河失湖水之利，则取给于江潮"。而江潮多淤泥，成为市井大患。苏轼到杭州后，疏浚茅山、盐桥二河，使潮水不再入市；又修复唐刺史李泌引西湖水所作之六井，使百姓稍获其利。

为了彻底解决湖中的葑田问题，苏轼又到西湖考察。他看到湖中葑田太多，清理出来也无处堆放；且西湖南北三十里，环湖往来，一天也到不了。如果取湖中葑田堆积湖中成为长堤以通南北，"则葑田去而行者便"。葑田除去，招募人们种菱角，春天除草，则湖水不会再被葑田堵塞。计划订好后，即请示朝廷，又多方集资，招募劳工，很快修成了大堤。"堤成，植芙蓉、杨柳其上，望之如图画，杭人名之苏公堤。"（苏辙《亡兄子瞻端明墓志铭》）苏堤的修筑，不仅保证了水资源的利用，方便了交通，而且成为杭州西湖上一道靓丽的风景，是西湖游客的必到之地。

苏轼二十年间两次任杭州地方官，有德于民，所以"家有画像，饮食必祝，又作生祠以报"。一个封建官吏，能如此深得民心者，真乃凤毛麟角。

身先士卒抗洪灾

宋神宗熙宁十年（1077），苏轼由密州知州改为徐州知州，四月赴任。同年七月十七日，黄河于澶渊之曹村决口，"东流入钜野（今山东济宁附近），北溢于济（济水），南溢于泗（泗水）"（苏辙《黄楼赋并叙》）。八月二十一日，大水抵达徐州城下。"余兄子瞻，适为彭城守。水未至，使民具（准备）畚（běn，簸箕）锸（chā，铁锹），畜土石，积刍茭（chú jiāo，干草，饲料），完窒隙穴（堵塞堤上洞隙），以为水备，故水至而民不恐。自戊戌至九月戊申，水及城下者二丈八尺，塞东、西、北门，水皆自城际山，雨昼夜不止。"（苏辙《黄楼赋并叙》）当时情况十分危急，徐州城随时有危险，此时一些富人争相逃出城外，躲避洪水。苏轼说："富民若出，民心动摇，吾谁与守？吾在是，水决不能败城。"阻止了富人出逃，从而安定了民心。苏轼又亲自到武卫营，动员官兵一起抗洪抢险。武卫营的卒长也被苏轼为民着想、身先士卒的精神所感动，大声呼喊说："太守犹不避涂潦（泥水），吾侪（chái，辈）小人效命之秋也。"遂拿起工具率领士兵光着脚，穿短衣去修筑东南长堤。堤成，大水冲到堤下，终不能入城，城里百姓这才安定下来。但因雨不停，河水暴涨。在此危急关头，苏轼"庐（居住）于城上，过家不入，使官吏分堵而守"，从而不仅筑起了护城大堤，而且又加固了城墙。另据苏辙《黄楼赋并叙》云："方水之淫也，汗漫千余里，漂庐舍，败冢墓，老弱蔽川而下，壮者狂走，无所得食，槁死于丘陵林木之上。子瞻使习水者浮舟楫，载糗（qiǔ）饵（米麦制成的干粮）以济之，得脱者无数。"

经过两个多月的艰苦奋战，终于战胜了这场特大洪水，保住了全城百姓的生命财产。大水退后，朝廷只派人堵塞了澶渊曹村黄河的决口，未能顾及徐州。苏轼认为"不可使徐人重被其患"，于是请求增筑徐州城。观察水势，用木头加固；修成木岸，以防洪水再来。木岸完成，朝廷降诏褒奖，徐州百姓和苏轼更加亲近，并永远思念他。

抗洪取得最后胜利，于是苏轼就在苏州城东门修建了一座大楼，以黄土涂饰，取其"土实胜水"之意，称为黄楼。此楼为徐州人合力所建。楼成，苏辙过徐州，"将登黄楼，览观山川，吊水之遗迹，乃作黄楼之赋"。苏辙的《黄楼赋并叙》以及其所撰《东坡先生墓志铭》中，对苏轼徐州抗洪事均有详细叙述。

作为一位封建官吏，面对无情的自然灾害，苏轼首先想到的是百姓的安危：洪水来之前，早做准备；洪水到来时，安定民心；情势危急时，他身先士卒，坚持在大堤上抗洪数十天，过家门而不入；洪水过后，又加强堤防，以防后患。历史上有大禹治水，三过家门而不入，世代传为佳话。但当我们提到大禹时，也会自然而然地想到苏轼。

乌台诗案

苏轼在其《上神宗皇帝书》中全面批驳了熙宁变法，这引起了王安石和新党的极大不满，一些人开始罗列不实之词，弹劾苏轼。这些诬陷虽然"穷治无所得"，但已使苏轼深感政治环境之险恶。加上欧阳修已经退休，曾巩也到越州任通判，他的表兄和密友文同也已出守陵州（今四川仁寿），其他朋友如刘攽（bān）、刘恕等也都因论新法"不便"而纷纷到地方上任职。在此情况下，苏轼也无意再在朝中周旋，三十六计走为上。于是苏轼请求外放任。熙宁四年（1071）六月，他出任杭州通判（知州之助理）。此后，他又相继知密州、徐州和湖州。

在长达八九年的地方官生涯中，苏轼接触了种种社会实践和平民百姓，耳闻目睹了民间疾苦和各种不合理的社会现象，而"言必中当时之过"（《凫绎先生诗集叙》）的苏轼，抱着"一肚皮不合时宜"的看法，把这些见闻都写入诗中，并予以批判。如写遇到水灾的百姓："蚕欲老，麦半黄，前山后山雨浪浪。农夫辍耒（chuò lěi，停止耕作）女废筐（停止采桑养蚕），白衣仙人在高堂。"（《雨中游天竺灵感观音院》）意在讽刺官吏们高高在上不顾民间疾苦。"今年粳（jīng）稻熟苦迟，庶见风霜未几时。霜风来时雨如泻，杷头出菌镰生衣。眼枯泪尽雨不尽，忍见黄穗卧青泥！茅苫（shān）一月垄上宿，天晴获稻随车归。汗流肩赪（chēng，红）载入市，价贱乞与如糠粞（xī，糙米皮）。卖牛纳税拆屋炊，虑浅不及明年饥。官今要钱不要米，西北万里招羌儿（指西夏）。龚黄满朝人更苦，不如却作河伯妇。"（《吴中田妇叹》）自然灾害，赋税沉重，谷贱伤农，对辽和西夏的岁币等负担完全转移到老百姓身上，农民千辛万苦收获的粮食，还不够对付官府的征敛。此诗集中反映了生民之疾苦和新法之弊端。很显然，苏轼这些愤世嫉俗、冷嘲热讽的诗作已超出了封建统治者容忍的范围，并且一批奸佞小人早已在暗中盯上了这位恃才傲物的苏轼。

苏轼到湖州任职不久，即遭到数人的弹劾。御史中丞李定给朝廷上札子，罗列苏轼有可废之罪四条："初腾沮毁之论""怙终不悔"；"傲悖之语，日闻中外""鼓动流俗""言伪而辨"；"不循陛下之法""不服陛下之化""行伪而坚"；"肆其愤心，公为诋訾（zǐ，毁）""怨不用己，遂一切毁之，以为非是"。认为苏轼目无皇帝，"伤教乱俗"，罪不容诛。监察御史舒亶（dǎn）给朝廷上札子，断章取义，罗列苏轼诗句，说苏轼讥讽时政："陛下发钱以本业贫民，则曰'赢得儿童语音好，一年强半在城中'；陛下明法以课试郡吏，则曰'东海若知明主意，应教斥卤（lǔ，盐碱地）变桑田'……"认为苏轼"造作谗说""包藏祸心"；"怀怨天之心，造讪上之语""虽万死不足以谢圣时！"监察御史何正臣给朝廷上札子，指责苏轼"愚弄朝廷，妄自尊大""讪谤讥骂，无所不为"。又说"一有水旱之灾，盗贼之变，轼必倡言，归咎新法，喜动颜色，惟恐不甚"。要求朝廷"大明诛赏，以示天下"。宋神宗本不欲深究此事，但众人陈词激烈，要求严惩苏轼，遂令御史台派人拘捕了苏轼。

皇甫遵奉命，日夜兼程奔赴湖州。苏轼在京友人虽火速将这一消息转告苏轼，但苏轼也无能为力。皇甫遵冲入湖州知州公堂，蛮横至极。苏轼以为自己罪重必死，请求回后堂与家人诀别。皇甫遵冷冰冰地说："不至如此。"但苏轼还是被抄了家，所作诗文被一一搜查。宋人孔仲平在《孔氏谈苑》卷一中说："顷刻之间，拉一太守，如驱犬鸡。"当时之情状，可想而知。苏轼被捕入狱，苏辙、王巩、张方平、黄庭坚、范镇、司马光、曾巩等数十人受到牵连。

苏轼在御史台狱中被政敌穷究，必欲置之死地。苏轼虽写了洋洋万言的《供状》，交代了自己的"讥讽文字"，政敌仍穷追不舍。虽有多人上书论救，也无济于事。最后还是神宗皇帝怜爱，认为诗人之词不可概以反对新法论。据叶梦得《石林诗话》卷上载："元丰间，苏子瞻系大理狱，神宗本无意深罪子瞻。时相进呈，忽言苏轼于陛下有不臣意。神宗改容曰：'轼固有罪，然于朕不应至是，卿何以知之？'时相因举轼《桧诗》'根到九泉无曲处，世间未有蛰龙知'之句，对曰：'陛下龙飞在天，轼以为不知己，而求之地下之蛰龙，非不臣而何？'神宗曰：'诗人之词，安可如此论？彼自咏桧，何预朕事？'时相语塞。"神宗之祖母曹太后等也出面替苏轼说情，连已退休的王安石也说："岂有盛世而杀才士者乎？"最后苏轼得以从轻发落。苏轼此案最后的结案报告是："奉圣旨：苏轼可责授检校水部员外郎充黄州团练副使，本州安置，不得签书公事。"就是说，只有官衔，不许办公。至此，案件告一段落，苏轼在狱一百三十天，未作刀下之鬼，而"荷蒙圣恩"出狱。

苏轼因写诗获罪，是北宋第一起文字狱。苏轼被几名御史弹劾，又被御史台逮捕审理，所以时人称此案为"乌台诗案"（后世亦称"乌台旧案"）。御史台何以称"乌台"？"乌"指乌鸦，"台"指御史台。相传汉代时，御史府中的柏树上常有许多乌鸦栖息，故人们称御史台为"乌台"，似乎亦有戏指御史们都是乌鸦嘴之意。

一场虚惊

元丰二年（1079）八月十八日，苏轼在湖州知州任上被捕，家被查抄，诗文被搜出，送入御史台大狱。为照顾苏轼生活，其长子苏迈随他一同入京。苏迈每天给苏轼送饭。据叶梦得《避暑录话》载：父子二人相约："送食惟菜与肉。有不测（坏消息），则彻二物而送以鱼。"凡送菜与肉，则是平安无事；如改送鱼，定有不测之祸。"迈谨守踰（超过）月，忽粮尽，出谋于陈留，委其一亲戚代送，而忘与其约。"一个多月后，没有吃的了，苏迈到陈留去想办法，就委托一位亲戚给苏轼送饭，但忘了告知自己和父亲的约定。苏迈走后，"亲戚偶得鱼鲊（zhǎ，腌制）送之，不兼他物"。亲戚偶得一鱼，好意送给苏轼吃，没送其他食物。这一下可坏了！"子瞻大骇，知不免。"苏轼一见只送来鱼，认为自己末日到来，难免一死。再联系到近日以来，狱吏为了取得罪证，拷问甚急，以为真的要出大事了。苏轼想求皇帝宽恕，又没办法做到。于是"乃作二诗寄子由，属狱吏致之"。他猜测狱吏不敢隐瞒，此诗一定会传到神宗手里。其一曰："圣主如天万物春，小臣愚暗自亡身。百年未满先偿债，十口无归更累人。是处青山可埋骨，他时夜雨独伤神。与君世世为兄弟，更结来生未了因。"其二曰："柏台霜气夜凄凄，风动琅珰月向低。梦绕云山心似鹿，魂飞汤火命如鸡。眼中犀角真吾子，身后牛衣愧老妻。百岁神游定何处？桐乡知葬浙江西。"其一主要是表达对苏辙的深情怀念，其二主要是表达对自己的伤怀和对子与妻的思念。这两首诗在苏轼诗中不算上乘之作，但正如纪晓岚所说："情至之言，不以工拙论也。"

苏轼这两首"绝命诗"，发自肺腑，感人至深。其结果不出苏轼所料，狱吏将这两首诗转呈神宗，"神宗初固无杀意，见诗亦动心。自是遂益欲从宽释（从宽释放），凡为深文者（要求严惩苏轼者）皆拒之"。由于神宗宽大，苏轼最终从宽发落。

苏迈一次小小的疏忽，引发苏轼一场死亡之惊骇；两首绝命的诗作，更得神宗之哀怜。一场虚惊，导致了意想不到的后果。时也？命也？

不思悔改

"乌台诗案"不仅使苏轼被贬为黄州团练副使，而且其弟苏辙也被贬官，王诜（shēn）、王巩等也因与苏轼往来而连坐，张方平、范镇、司马光等二十二人也因收受苏轼诗文被处数额不等的罚金。

苏轼"荷蒙圣恩"出狱，本当感恩戴德，痛改前非，可是当他迈出狱门之后，却毫无悔意。他在《十二月二十八日，蒙恩责授检校水部员外郎充黄州团练副使，复用前韵二首》其一中说："百日归期恰及春，余年乐事最关身。出门便旋风吹面，走马联翩鹊啅（zhuó，鸟啄食）人。却对杯酒浑似梦，试拈（niān）诗笔已如神。此灾何必深追究，窃禄从来岂有因。"一出狱门，即感受到寒风中透出的春意，诗歌用轻描淡写的口吻追述自己大难不死的入狱经历，一出狱便纵笔吟诗，不见有丝毫悔意。其二曰："平生文字为吾累，此去名声不厌低。塞上纵归他日马，城东不斗少年鸡。"诗中引用塞翁失马和唐玄宗时以斗鸡媚上的贾昌的典故，明白表示：即使他日再遇灾祸，自己也绝不会改变初衷。清人纪晓岚评此诗"却少自省之意"。一点也不错！苏轼决不会因此挫折而从此俯首帖耳作一顺民。

苏轼到了黄州，即写下《初到黄州》一诗："自笑平生为口忙，老来事业转荒唐。长江绕郭知鱼美，好竹连山觉笋香。逐客（贬官之人）不妨员外置，诗人例作水曹郎。只惭无补丝毫事，尚费管家压酒囊。"首联以自嘲口吻回顾自己四十六年的人生道路，少年即有壮志，但二十多年的官场生涯不但没有功成名就，而且蹉跎至被放逐的罪人，岂不"荒唐"？颔联宕开一笔，写自己初到黄州。望长江而知鱼美，见篁竹而知笋香,对未来生活之憧憬,溢于言表。颈联中诗人以"放逐"自命,巧借自己被贬官职,以古今诗人自喻,自己被贬为检校水部员外郎,前代诗人何逊、张籍等曾任此职,似乎此职专为诗人而设,即是说自己虽为"逐客",但还挂着"水部员外郎"的官衔。这种诙谐与放达,不无牢骚之意。尾联更是反话正说。宋代官员俸禄,有相当一部分是以实物折价抵算的,并非全发现金。苏轼在黄州所任官职,按规定,有一部分俸禄是用朝廷造酒后的退酒袋子(压酒囊)来折抵的。苏轼说,我这个团练副使,虽不许"签书公事"(不办公),但还照样领着朝廷的俸禄,表面上似乎是自惭"尸位素餐",实际上是对朝廷对自己的处置的尖刻讽刺。

此诗既是诗人苦中作乐的自嘲,更是以幽默诙谐的口吻对朝中权势者的嘲讽与戏弄。苏轼一出鬼门关,便是这么一种情状,充分显示了他无论遭受多大的打击与迫害,都不会屈服于命运、向权贵者摇尾乞怜的精神气质,以及他在逆境中寻求乐趣的超旷襟怀。

两次误传

苏轼被贬为黄州团练副使,明令不许签书公事,实际上无异于囚犯。但因为他是名人,所以他的一举一动都格外引人注目。因此,关于他的"新闻"也层出不穷。仅叶梦得《避暑录话》就载其两次重大不实传闻。

苏轼在黄州,"病赤眼(得了红眼病),逾月不出,或疑有他疾,过客遂传以为死矣"。他这个大名人一个多月未露面,有人怀疑他得了别的什么病,路过此地的人遂传说苏轼已死。有人把这个消息传给了在许昌的范镇(字景仁)。这范镇与苏轼、司马光友善,都不满新法。苏轼因"乌台诗案"被贬,范镇也因和苏轼关系密切而被处以罚金。范镇一听说苏轼亡故，一点也不怀疑，随即放声大哭，并召众弟子准备了金帛，要派人前去"赒（zhōu，周济）其家"。弟子们对他说，这一传闻未经核实，应该先写封信问问他老人家是否安好，等得到确切的消息，再抚恤其家也不晚。于是范镇就立即派仆人持书前往。苏轼打开书信一看，放声大笑。原来是一个误传，老朋友信以为真了。所以后来苏轼从黄州量移至汝州任团练副使时，在给神宗的《谢表》中说，自己"疾病连年，人皆相传为已死"。所指即是此事。

时隔不久，苏轼与几位客人饮于江上。"夜归，江面际（接）天，风露浩然，有当其意"，遂写下《临江仙》词一首："夜饮东坡醉复醒，归来仿佛三更。家童鼻息已雷鸣。敲门都不应，倚杖听江声。　　长恨此身非我有，何时忘却营营（为世事而周旋忙碌）？夜阑（深）风静縠纹（水波）平。小舟从此逝，江海寄余生。"写毕，"与客大歌数过（数遍）而散。翌日（第二天），喧传子瞻夜作此词，挂冠服江边，拏（ná，驾）舟长啸去矣"。苏轼此词，不过写自己政治上受挫，忧惧苦恼，静夜沉思，豁然有悟，既然掌握不了自己的命运，就当全身远祸。在这良辰美景之时，驾一叶扁舟，随波流逝。所谓"小舟从此逝，江海寄余生"，只不过是他想摆脱现实的一种浪漫主义理想，但此词一被人们传开，就热闹了：说他夜里脱下官服，乘船长啸而去。这一传闻可吓坏了黄州知州徐君猷。"郡守徐君猷闻之，惊且惧，以为州失罪人。急命驾往谒（看望苏轼），则子瞻鼻鼾如雷，犹未兴（起床）也。"苏轼是罪人，夜里偷跑了，知州大人是要负责任的。所以知州大人急忙去见苏轼，结果是他老兄还在鼾声大作，尚未起床。见此情景，太守惊魂方定。但是没有不透风的墙，此事虽为误传，但消息"卒传至京师，虽裕陵（神宗）亦闻而疑之"。

两次误传，一说他死亡，一说他夜逃，前者使朋友受惊而洒泪，后者更惊动太守和皇上。不论事件的可信度有多大，都说明苏轼在当时的社会关注度是相当高的。

筑室东坡

　　苏轼在御史台监狱度过了一百三十个日日夜夜，最后以"检校水部员外郎充黄州团练副使"之职贬谪黄州。他虽在《初到黄州》一诗中以自嘲的口吻讽刺朝廷对自己的处置，但他所处的现实生活环境，已与从前大不相同了：他从京官变成了罪人，从热闹走向了寂寞。

　　苏轼到黄州，首先是生活发生了变化。一个不许签书公事的团练副使，工资待遇是很低的，这使他的生活一下子陷入了困窘。苏轼到黄州，名为官员，实为罪犯，并无官舍供他居住，而是住在定惠寺中。不久，又迁至江边旧时的一个水驿——临皋亭。他在《寒食雨二首》其二中写到过当时的生活情形："小屋如渔舟，蒙蒙水云里。空庖煮寒菜，破灶烧湿苇。"而在写给秦观的信中更有具体的记述："初到黄，廪入（俸禄收入）既绝，人口不少……痛自节俭，日用不得过百五十。每月朔（初一）便取四千五百钱，断（分）为三十块，挂屋梁上。平旦（天亮）用画叉挑取一块，即藏去叉。"（《与秦太虚书七首》）真可谓严格的计划经济，不敢随意多花一文钱。其生活之苦况，可见一斑。

　　在临皋亭，屋漏失修，后来他的同年蔡景繁使有司稍加修葺（qì），才稍有改善。对落难时友人的相助，苏轼曾写诗为谢。

　　元丰四年（1081），这是苏轼到黄州的第二个年头。当地一位叫马正卿的书生，实在看不过去，于是替他向官府申请到郡中一处旧军营的数十亩荒地。这对苏轼来说，真是雪中送炭。苏轼带领家童们开垦了这片荒地。因为这片荒地在州门的东面，苏轼就给它取名叫东坡，自己也自号"东坡居士"。在早春二月的一片飞雪中，苏轼又在这里修建了房屋，屋成，又在正堂上"绘雪于四壁之间，无容隙（没留一点空白）也"，并号其堂为"雪堂"。苏轼至此才算有了一个相对安定的住所。

除了生活上的困窘之外，让苏轼最感痛苦的是精神上的压抑。他虽不需要上班办公，但也不可随意悠闲度日，因他是朝廷的罪人，所以要受到官府的管制。苏轼素有文名，朝野士人一向争着与他交往，此时却唯恐避之不及，甚至"虽平生厚善，有不敢通问者"。他只能"深自闭塞，扁舟草履（lǚ，鞋），放浪山水间，与渔樵杂处，往往为醉人所推骂，辄自喜渐不为人识，平生亲友无一字见及"（《答李端淑书》）。而他自己也时时自我提醒，不但"灰心杜口，不曾看谒（拜访）人"，而且也尽量不与朋友笔墨往来，以免再因文字狱弄出是非。他每天闭门读书，闲对妻子，手抄《金刚经》，解《易》（《易经》），作《论语说》来打发日子。为了排遣苦闷，他除经常饮酒赏花，郊野寻春，谈佛问道，修炼养生外，也常与客人往来。"所与游者，亦不尽择，各随其人高下，谈谐放荡，不复为畛畦（zhěn qí，田间小路，引申为界限、隔阂）。有不能谈者，则强之说鬼；或辞无有，则曰姑妄言之，于是闻者无不绝倒，皆尽欢而后去。"（《叶梦得《避暑录话》卷上）可见，他所交往的"客"，大多是和他相从于溪谷间的田父野叟。

苏轼在黄州东坡的生活并不如意，但他能以"自娱"的态度去面对现实的处境，保持自己旷达、洒脱的心态。如其《东坡》一诗云："雨洗东坡月色清，市人行尽野人行。莫嫌荦（luò）确（山石险峻不平）坡头路，自爱铿然曳杖声。"一位月夜杖履野步、傲世独立的诗人形象，跃然纸上。

苦读《汉书》

苏轼贬黄州，因不许签书公事，所以多有闲暇。除了与田夫野老悠游山水外，读书是其生活的重要内容。

据《道山清话》载："东坡在雪堂，一日读杜牧之《阿房宫赋》凡数遍，每读彻（完）一遍，即再三咨嗟叹息，至夜分犹不寐。有二老兵，皆陕（陕西）人，给事左右，坐久，甚苦之。一人长叹操西（陕西）音曰：'知有他甚好处，夜久，寒甚，不肯睡，连作冤苦声。'其一曰：'也有两句好。'其人大怒曰：'你又理会得甚底？'对曰：'我爱他道：天下之人不敢言而敢怒。'叔党卧而闻之，明日以告。东坡大笑曰：'这汉子也有鉴识。'"可见苏轼在黄州读书，每有会意，便"再三咨嗟叹息"，夜深不睡，害得陪侍老兵寒困交迫，苦不堪言。

而最能体现东坡读书精神者，莫过于其读《汉书》了。

据宋人陈鹄《西塘集耆（qí）旧续闻》卷一载，苏轼在黄州，未认识司农朱载上。时朱公分教黄冈，以"官闲无一事，蝴蝶飞上阶"诗句得苏称赏，后朱公登门拜见，二人遂为知己。朱公不时登门，"偶一日谒至，典谒（掌管宾客请见事务的小官）已通名，而东坡移时不出。欲留则侍候颇倦（等得困倦了），欲去则业已达姓名。如是者久之，东坡始出，愧谢久候之意，且云适（刚才）了些日课（每日的功课），失于探知。坐定，他语毕，公请曰：'适来先生所谓日课者何？'对曰：'抄《汉书》。'公曰：'以先生天才，开卷一览。可终身不忘。何用手抄耶？'东坡曰：'不然，余读《汉书》，凡至此三经手抄矣。初则一段事抄三字为题，次则两字，今则一字。'公离席复曰：'不知先生所抄之书，有幸教否？'东坡乃令老兵就书几上取一册至，公视之，皆不解其义。东坡曰：'足下试举题一字（说出一个字的题目）。'公如其言。东坡应声辄诵数百言，无一字差缺。凡数挑（又数次挑字）皆然。公降叹良久，曰：'先生真谪仙（李白）也。'他日，以语其子新仲曰：'东坡尚如此，中人之性（中等智力之人），岂可不勤读书耶？'新仲尝以是诲（教育）其子辂（lù）。"

苏轼到黄州，已年近五十，又是学富五车的大学问家，读书不但要抄，而且至于再三，可见其刻苦、认真，以致朋友来了也要完成当日的功课才出来相见，宁可慢怠朋友，也不废弃读书，其学问之大，也正由此而来。才同谪仙的大学问家尚且如此苦读，只有中等才智的人不刻苦学习行吗？朱载上教育儿子新仲要勤读书，新仲又教育自己的儿子辂要勤读书。无疑，他们都认识到了勤读对增长学问的重要性，他们都是聪明人！

最早的猪肉广告

如今，在任何一家餐馆，几乎都可以吃到东坡肘子、东坡肉之类的佳肴，而苏东坡是著名的美食家几乎是妇孺皆知的事。但是第一次为猪肉做广告的居然是苏东坡，大概就不是人人都知道的了。

苏轼天生好吃猪肉。

"乌台诗案"后，他被贬为黄州团练副使，又不许他办公，这倒给了他很多闲暇。但俸禄也很微薄，生活颇为拮据。可黄州这个地方盛产猪肉，品质也好，吃的人也很少，所以价格相当便宜。苏轼既喜欢吃猪肉，钱又不多，这不正是个千载难逢的好机会吗？花不多的钱就可以解馋，这使他十分快意。吃得多了，逐渐摸索出炖猪肉的火候和诀窍。宋人周紫芝《竹坡诗话》载："东坡性喜嗜猪，在黄冈时，尝戏作《食猪肉》诗云：'黄州好猪肉，价贱等粪土。富者不肯吃，贫者不解（懂得）煮。慢着火，少着水，火候足时他自美。每日起来打一碗，饱得自家君莫管。'此是东坡以文滑稽耳。"

你看，黄州价廉物美的猪肉，富人不愿吃，穷人不会吃，这不正是给钱不多而会吃的苏轼准备的吗？他吃得多了，逐渐摸索出一套炖猪肉的经验：少放水，慢火炖，火候到了，味道自然妙不可言。苏轼胃口不错，每天吃一碗，数量不少，可他居然没有因胆固醇过高而得心脑血管病。可见，他的吃法是很科学的：文火长时间炖煮，火候足了，肉中的单不饱和脂肪酸增多，饱和脂肪酸下降，油脂随之减少，美味而营养丰富。这一点已为现代科学所证明。

苏轼吃猪肉的经验被他写成了诗，并且此诗语言通俗，格调诙谐，一读就懂。随着这首滑稽诗的广为流传，他这种吃猪肉的方法也被人们广泛接受，后来人们也就把这种用文火煨烂的大块猪肉叫作"东坡肉"。

苏轼这首《食猪肉》诗，实际上成了最早的猪肉广告，再加上苏轼的名人效应，其影响之大，也远超出苏轼自己的意料。如今人们在享受"东坡肉"的美味时，自然会想到这位著名的文人美食家。

一蓑烟雨任平生

苏轼在黄州，物质生活匮乏，政治环境险恶，但这些都无法磨灭其顽强不屈的执着精神。面对逆境，他没有颓唐，而是以"自娱"态度对待之。何谓"自娱"？他在《与子明兄一首》中作了回答："当以时自娱,世事万端,皆不足介意。所谓自娱者,亦非世俗之乐,但胸中廓然无物,即天壤之内,山川草木虫鱼之类,皆是供吾家乐事也。"这种旷达、洒脱的心态,不时流露于其诗词之中。

如其《西江月》一词,词前小序云:"春夜行蕲(qí)水中,过酒家饮。酒醉,乘月至一溪桥上,解鞍曲肱(gōng,弯曲着胳膊)少休。及觉,已晓。乱山葱茏,不谓人世也。书此词桥柱上。"其词曰:"照野弥弥浅浪,横空隐隐层霄(层云)。障泥(用以遮挡泥土的马鞯)未解玉骢(cōng,白马)骄。我欲醉眠芳草。 可惜一溪风月,莫教踏碎琼瑶(皎洁的月色)。解鞍欹(qí,倾斜)枕绿杨桥。杜宇(杜鹃)一声春晓。"小序即写得疏朗飘逸,极富韵致,宛如一篇优美的散文,而词更写自己夜饮醉卧溪桥之上,拂晓醒来,溪水明月,春树鸟啼,仿佛进入仙境。小词反映了他在黄州旷放的生活,更展示了他坦荡、洒脱的内心世界。

再如其《卜算子·黄州定惠院寓居作》:"缺月挂疏桐,漏断人初静。时见幽人独往来,缥缈孤鸿影。 惊起却回头,有恨无人省。拣尽寒枝不肯栖,寂寞沙洲冷。"上片写鸿见人,下片写人见鸿。这首抒写词人幽愤寂苦之情的作品,更表现了作者不同流俗的高洁品行。这种笔下无一点尘俗气的词境,正反映了词人胸中"无一点尘俗气"。其高洁、坦诚、美好的心灵世界,确为难能可贵。

尤能代表苏轼在黄州的思想情绪和人生态度的是其名作《定风波》。其词前小序云:"三月七日,沙湖道中遇雨,雨具先去,同行皆狼狈,余独不觉。已而遂晴,故作此词。"此词作于元丰五年(1082),时苏轼贬黄州已经三年。据《东坡志林》云:"黄州东南三十里为沙湖,亦曰螺师店。予买田其间,因往相(看)田。"说明作者此次到沙湖去是为了看地,途中遇雨,有感而作。其词曰:"莫听穿林打叶声,何妨吟啸且徐行。竹杖芒鞋轻胜马，谁怕？一蓑烟雨任平生。　　料峭春风吹酒醒，微冷，山头斜照却相迎。回首向来萧瑟处，归去，也无风雨也无晴。"上片写遇雨的情景，作者不以风雨为意，大有"不管风吹浪打，胜似闲庭信步"的气度，并表明只要有一领"蓑衣"，就足以应付一生之"风雨"。当然，这"风雨"既指自然界的风雨，更指政治上的"风雨"。下片写回程中雨过天晴的情景。在作者看来，晴也好，雨也罢，均为外物，于己无关，表现出一种随顺自然的道家思想和无差别境界的佛家思想。此词生动地刻画了一个极普通，又胸无滞碍的智者形象，充分表现了诗人不为忧患所动摇，处逆境而安之若素的节操，和不随物悲喜的超旷情怀。虽不乏逃避现实的情绪，但其不惧忧患、忘怀苦乐的乐观精神和从容应对人生挫折的态度，亦颇为难得。

"一蓑烟雨任平生"，可谓苏轼在黄州，抑或在其一生中人生态度的真实写照。

泛舟赤壁抒情怀

离黄州城西北数百步远的长江边上，就是历史上著名的赤壁。实际上，三国时赤壁之战的赤壁在今湖北省嘉鱼县东北，而湖北黄冈的赤壁又叫赤鼻矶，因这里也叫"赤壁"，故自唐以来常有诗人墨客提起这个令人浮想联翩的地方。

苏轼被贬黄州，常到这里来，或登高，或泛舟。他在这里不仅写出了《念奴娇·赤壁怀古》这样的千古绝唱，也写下了《赤壁赋》和《后赤壁赋》这样的文赋极品。苏轼在《念奴娇·赤壁怀古》中已明确交代，湖北黄冈的赤壁只是"人道是三国周郎赤壁"，可见，这里是否是

"周郎赤壁"对他来说并不重要，重要的是他在此游赏，借此填词作文，以抒情怀。

前后《赤壁赋》均写苏轼自己月夜与友人泛舟江中的感受。《赤壁赋》写于宋神宗元丰五年（1082）七月十六日。这天晚上，"苏子与客舟游于赤壁之下"。"清风徐来，水波不兴""月出于东山之上，徘徊于斗牛之间。白露横江，水光接天。纵一苇之所如，凌万顷之茫然。浩浩乎如冯虚御风，而不知其所止；飘飘乎如遗世独立，羽化而登仙"。如此美妙的畅游境界，透露出作者潇洒依然的心情，同时，这种若有若无的虚幻之感又引出了主人和客人对人生的两种不同见解。客人吹箫，凄然有声。在回答主人"何为其然也"的问话时，说到当年赤壁之战时曹操这位"一世之雄"，而今早已是过往云烟，从而发出"况吾与子渔樵于江渚之上，侣鱼虾而友麋鹿，驾一叶之扁舟，举匏樽以相属。寄蜉蝣于天地，渺沧海之一粟。哀吾生之须臾，羡长江之无穷"的人生哀叹，确是一种人生无常的消极人生观。但作者并未沉溺于此，而能以理驭情，以答话的方式，表达了对人生的另一种看法——用水、月的变与不变来说明不必羡慕它们，并说："且夫天地之间，物各有主。苟非吾之所有，虽一毫而莫取。惟江上之清风，与山间之明月，耳得之而为声，目遇之而成色，取之无尽，用之不竭，是造物者之无尽藏也，而吾与子之所共适。"以超越时空的视野，表达了一种冷静深刻、通达乐观的人生态度，从而使客人转悲为喜，极尽游乐之欢。当时苏轼因"乌台诗案"被贬为闲职，此文是一篇排遣自己内心苦闷、聊以自慰的作品，既表现了他纵情山水、寄意风月的老庄思想，流露出浓厚的消极情绪，也表现了他在逆境中不怨天尤人、不沉沦悲伤、乐观旷达的思想情怀和生活情趣，这在封建士大夫中也是难得的。

《后赤壁赋》写于元丰五年（1082）的十月十五日。如果说前赋重在说理谈玄的话，后赋则以叙事和写景为主。开头由叙述过黄泥坂时踏月赏景引起重游赤壁的兴致，接着主要是写景记游。景物则是与前赋秋景不同的初冬之景："江流有声，断岸千尺；山高月小，水落石出。"记游则主要写自己舍舟登山独游的见闻："履巉岩，披蒙茸，踞虎豹，登虬龙……划然长啸，草木震动，山鸣谷应，风起水涌。予亦悄然而悲，肃然而恐，凛乎其不可留也。反而登舟，放乎中流……"这里写的是自然之景给作者的感受，但这又何尝不是作者当时艰险政治处境及恐惧心理的体现呢？最后写鸣鹤掠舟而引出道士揖见之梦，在神秘气氛中结束全文，使文章也更富虚无色彩，表现了作者出世入世的思想矛盾和苦闷心情。

赤壁二赋是苏轼游记文字中的极品，是其文赋的名篇。其叙事、写景、议论、抒情的有机结合，其流畅的语言、饱满的感情、深奥的哲理、优美的意境，不但是后人了解苏轼黄州时期思想情怀的形象素材，更给人们带来无尽的美的享受。

铜琶铁板唱大江

苏轼之前，词的创作已经达到很高的水平，但人们对词的认识，却始终停留在"娱宾遣兴""助欢佐乐"的低水平上，把词当成"薄技""小道"，至苏轼，对词的认识有了全新的看法。他认为词是"诗之裔"，词写得好即可称为"诗人之雄"。他把词看作一种新体诗，在认识上突破了"诗庄词媚"的传统界限。把词从"花间""尊前"带入广阔的现实世界，咏史、咏物、登临、怀古、送别、悼亡、游仙、谈禅、农村风光、爱国热情、爱情友情、人生哲理，凡是诗歌可以表达的内容，他均可写入词中。

苏轼在密州时，写过一首很有名的词《江城子·密州出猎》："老夫聊发少年狂，左牵黄，右擎苍。锦帽貂裘，千骑卷平冈。为报倾城随太守，亲射虎，看孙郎。　酒酣胸胆尚开张，鬓微霜，又何妨？持节云中，何日遣冯唐？会挽雕弓如满月，西北望，射天狼。"词从出猎写起，以汉代名将魏尚自喻，希望朝廷能重新重用自己，相信自己定能为国杀敌立功，抒写了自己愿意为国报效疆场的豪迈情怀。这是苏轼第一首豪放词，他对此十分得意。他在《与鲜于子骏》中写道："近却颇作小词，虽无柳七郎（柳永）风味，亦自是一家。呵呵！数日前，猎于郊外，所获颇多。作得一阕，令东州壮士抵掌顿足而歌之，吹笛击鼓以为节，颇壮观也。"由此可见，苏轼是十分自觉地在追求词的豪放、雄奇之风。

后因"乌台诗案"谪居黄州，苏轼又写下了他的豪放词代表作《念奴娇·赤壁怀古》："大江东去，浪淘尽，千古风流人物。故垒西边，人道是、三国周郎赤壁。乱石穿空，惊涛拍岸，卷起千堆雪。江山如画，一时多少豪杰。　遥想公瑾当年，小乔初嫁了，雄姿英发。羽扇纶巾，谈笑间、樯橹灰飞烟灭。故国神游，多情应笑我，早生华发。人生如梦，一樽还酹江月。"此词名为"怀古"，实则讽今。作者之所以倾慕周瑜，是因为他可以在"谈笑间"使"樯橹灰飞烟灭"。联想到宋代屈辱苟安的现实，不难想到苏轼是在慨叹"时无周瑜"，也悔恨自己未能像周瑜那样为国立功。同时，作者在"早生华发"的喟叹之中，也深深感慨人生之短暂与功业之难成。

苏轼这种"自有横槊气概"的词作，是一种杰出横放的新词风，无疑对传统的婉约词风产生了巨大的冲击力，也引起人们对其截然不同的反映和评价。据宋人俞文豹《吹剑录》载："东坡在玉堂（翰林院），有幕士善讴（善于歌唱），因问：'我词比柳词如何？'对曰：'柳郎中词，只好十七八女孩儿，执红牙板，唱'杨柳岸晓风残月'；学士词，须关西大汉，铜琵琶，铁绰板，唱'大江东去'。公为之绝倒。"众所周知，当时的词多是年轻漂亮的歌妓执红牙板唱的艳曲，绝非关西大汉用"铜琵琶、铁绰板"去唱的奔放激越的曲调。幕士很会说话，但颇含微词，是说柳永的词才是词的正宗，苏轼的豪放之作显然属于"海派"。而苏轼对此不但不恼，反而"为之绝倒"，认为幕士讲出了自己词作的豪放特色。

对于苏轼这种"东州壮士抵掌顿足而歌之，吹笛击鼓以为节""关西大汉，铜琵琶，铁绰板"才能演唱的词，持传统观念的人多取批评态度。如陈师道说："子瞻以诗为词。如教坊雷大使之舞，虽极天下之工，要非本色。"（《后山诗话》）李清照称苏轼词"皆句读不葺（qì，修理，修饰）之诗耳"（《词论》）。而从南宋初开始，人们对此多持赞赏态度，如胡寅《题酒边词》称苏词"一洗绮罗香泽之态，摆脱绸缪婉转之度，使人登高望远，举首高歌，而逸怀浩气超然乎尘垢之外"；王灼《碧鸡漫志》称苏词"指出向上一路，新天下耳目，弄笔者始知自振"。苏轼的门生晁补之概括其特征是"横放杰出，自是曲中缚不住者"（《能改斋漫录》卷十六引《词评》）。陆游认为苏轼的词"但豪放，不喜裁剪以就声律"。

以诗为词，正是苏轼有意对诗词界限的突破。他真正沟通了诗和词，不只为应歌而填词，而是为文学创作而填词。这些词视野宽，领域广，格调高，束缚少，为词的发展另辟一途。苏轼无疑是豪放词风的真正开创者。经南宋初爱国词人岳飞、胡铨（quán）、张元幹、张孝祥等人的继承和发展，到南宋中期的辛弃疾、陈亮，已蔚为大观，形成声势浩大的苏辛豪放派。从此，豪放派在词坛上取得了与传统婉约派分庭抗礼的地位。苏轼为词体的解放和发展作出了具有划时代意义的贡献。

"三白"故事

据朱弁《曲洧旧闻》卷六载:"东坡尝与刘贡父言:'某与舍弟(苏辙)习制科(准备制科考试)时,日享三白,食之甚美,不复信世间有八珍也。'贡父问三白,答曰:'一撮盐,一碟生萝卜,一盌饭,乃三白也。'贡父大笑。久之,(刘贡父)以简(请帖)招坡过其家吃皛(xiǎo,洁白)饭。坡不省忆(不记得)尝对贡父三白之说也,谓人云:'贡父读书多,必有出处。'比(等到)至赴食(去吃饭),见案上所设(摆放),惟盐、萝卜、饭而已。乃始悟贡父以三白相戏笑。食之几尽。将上马,云:'明日可见过(到我家去),当具毳(cuì,鸟兽的细毛)饭相待(招待)。'贡父虽恐其为戏,但不知毳饭所设何物。如期而往。谈论过食时(过了吃饭时间),贡父饥甚,索食(要东西吃)。坡云:'少待。'如此者再三,坡答如初。贡父曰:'饥不可忍矣(饿得受不了啦)!'坡徐(慢慢地)曰:'盐也毛,萝卜也毛,饭也毛,非毳而何(不是毳饭是什么)?'贡父捧腹曰:'固知君必报东门之役(指吃皛饭),然虑不及此也。'坡乃命进食,抵(到)暮(天黑)而去。"

苏轼给刘贡父讲自己和弟弟苏辙准备制科考试时的艰苦生活,但为了功名,心思都花在准备功课上,不但不觉得苦,反而戏称之为"三白"。刘贡父听后大笑,是觉得穷知识分子真会穷开心,于是就想以此来开个玩笑,耍苏轼一把。过了很久,刘贡父发简请苏轼到家里吃"皛饭",苏轼早已把对刘贡父说"三白"之事忘到了脑后。虽不知何谓"皛饭",但想到刘贡父读书多,学问大,此饭一定有说头。等到吃饭的时候,饭桌上摆着的只有盐、萝卜和白米饭。苏轼这才恍然悟到自己上了刘贡父的当。但自己曾说过：吃"三白"饭"甚美，不复信世间有八珍"的话，于是硬着头皮，把这顿"三白"饭几乎吃个精光。

苏轼吃了"哑巴亏"，自然不服气，于是心生一计，回请刘贡父次日到自己家去吃毳饭。刘贡父虽然意识到苏轼可能会戏弄自己，但终不知这"毳饭"为何物。第二天刘贡父如约而至，过了吃饭时间，也不见苏轼开饭。刘贡父肚子饿得咕咕叫，多次请求吃东西，苏轼总让他等着。刘贡父饿得实在受不了啦，苏轼才慢条斯理地说："盐没有，萝卜没有，白米饭也没有，这不是'毳饭'是什么！"刘贡父一听，捧腹大笑，说："我本来就想到你会报复我，但你这一招是我没想到的。"至此，东坡才让人端上饭来，二人尽欢，至晚而散。

原来，刘贡父有学问，开了苏轼一个玩笑；苏轼学问也不差，以牙还牙。南方人将"无"字读为"模"，又将"模"字误读为"毛"。苏轼给刘贡父不上盐，不上萝卜，也不上米饭，是"三无"，三个"无"等于三个"毛"，所以这"毳饭"就是什么也没有。这让刘贡父也大尝了饿肚皮的苦头。

刘贡父利用"三白"玩了一次文字游戏，杜撰出一顿"皛饭"，让苏轼又吃了一次"忆苦思甜饭"；苏轼则巧用文字读音的变化，弄出了一顿令人啼笑皆非的"毳饭"。可见，文人学问大，开玩笑也高雅。两位大学问家都认认真真地让对方上了一次当。

夹缝求生

苏轼有极高的文学天赋，但他的人生追求，首先不是成为一位文学家，而是要成为一个能够治国平天下的政治家。他在少年时期，就通过读石介的《庆历圣德诗》了解了庆历新政的概况，对范仲淹、韩琦、富弼、欧阳修这四位庆历新政中的"人杰"十分敬仰。但庆历新政失败后的二十余年间，无人再提改革之事，苏轼对北宋中期积贫积弱的社会状况非常不满，渴望社会改革。早"奋励有当世志"的苏轼，在其应制科考试时所进的《策进五篇》中就说："天下之患，莫大于不知其然而然……有治平之名而无治平之实，有可忧之势而无可忧之形……其病之所由起者深，则其所以治之者，固非卤莽因循苟且之所取也。"力劝仁宗励精图治，革新政治。但当他为其父守丧期满，第三次出蜀入京时，正是宋神宗熙宁二年（1069），年轻气盛的宋神宗起用已久负盛名的王安石实行"熙宁变法"。

王安石大刀阔斧进行改革，在政治、经济、军事、商业、农业、治安、科举等各个领域推行一系列新政，而苏轼与王安石政见不合。他将社会上"有立法之弊"和"有用人之失"的问题归结于新政本身，并写下了《上神宗皇帝书》，洋洋万言，全面批评新法。他的意见不但没有被神宗和王安石接受，相反，王安石的圈子里有人就暗中罗列一些不实之词弹劾苏轼。据《宋史·本传》载："安石滋怒，使御史谢景温论奏其过，穷治无所得，轼遂请外。"由于没有拿到过硬的证据，未能整治苏轼，但苏轼已深感处境危险，自己难于在朝廷自安，于是力求放外任。不久，即出为杭州通判。此后又知密州（今山东诸城）、徐州（今江苏徐州）和湖州（今浙江湖州）。由于他对新法不满，在地方官任上又看到新法所产生的弊端，于是一些批评、讥讽之语，屡见于其诗文。御史李定、舒亶、何正臣三人断章取义，整了苏轼的材料，以诋毁新法的罪名，在湖州将苏轼逮捕，这就是有名的"乌台诗案"。由于缺乏过硬的罪证，加上宋神宗的怜爱，连已退休的王安石都说："岂有盛世而杀才士者乎？"苏轼因此得以出狱，出任黄州团练副使。

此后苏轼又任汝州（今河南临汝）团练副使。元丰八年（1085），神宗死，十岁的哲宗继位，由神宗之母高太后垂帘听政。高太后不赞成新法，起用旧党，司马光、吕公著等入朝主政，全面废除新法。旧党认为苏轼在新政时期遭受诬陷，于是调其入京，颇受器重。"曾未周岁，而阅三官"。不到一年，三次升官，由起居舍人迁中书舍人，再迁翰林学士知制诰。但此时旧党实行"元祐更化"，全盘废除新法。作为朝廷近臣的苏轼，不同意这种做法。他认为新法中的"裁减皇族恩例（限制皇族特权）、刊定任子条式（人才任用）、修完器械、阅习旗鼓（加强武备）"等措施不应废止，对新法应该"校量利害，参用所长"，这又与司马光等人产生了重大争议，受到程颐等人的猛烈攻击。司马光死后，旧党分裂加剧，斗争激烈。苏轼深感自己难在朝廷立足，于是又以臂疾请求出知外郡，遂于元祐四年（1089）以龙图阁学士知杭州。在此后的五年时间里，他又分别出知颍州、扬州和定州。其间曾两次被短期调京任职，以元祐七年（1092）以后的一段时间出任端明殿学士翰林院学士充礼部尚书，为其平生最高官职。

元祐八年（1093），高太后死，哲宗亲政，变质的新党上台，章惇、吕惠卿等人执政，苏轼又被当作旧党要员加以排斥和迫害。绍圣元年（1094），他们以苏轼起草诏诰"讥斥先朝（神宗）""语涉讥讪"的罪名，先后将苏轼贬到英州（今广东英德）、惠州（今广东惠阳），又于绍圣四年（1097）再贬为琼州（今海南）别驾，到了当时荒僻之至的天涯海角。直到徽宗即位，大赦天下，苏轼才于靖中建国元年（1101）北归，不久病逝于常州。

可见，苏轼的一生，正好掉在了新旧党争的夹缝之中，而苏轼本人又性情刚直，坚持自己的政治见解。新党执政，他不苟合，不放弃自己的主张；旧党上台，他反对全盘否定新法。他不会见风使舵，不愿意苟合取容，所以他早晚都是持不同政见者，都处于和执政者对立的地位，备受两党的排挤与迫害。

自古文人多坎坷，但坎坷之多，莫过于东坡。东坡一生宦海浮沉，可谓大不幸；然正因如此，才成全他成为一位伟大的文学家，又可谓不幸中之大幸。

苏王金陵相会

因苏洵认定王安石奸佞祸国，坚决不见王安石，王安石母亲去世，苏洵也不去吊唁，故使两家关系相当紧张。

苏轼和王安石，可以说都出于欧门。欧阳修对他们都非常器重。但二人因政见不同，几乎反目成仇。苏轼上万言书反对新法，王安石手下人千方百计要整苏轼，最后罗织罪名将其下狱，必欲置之死地而后快。在一般人看来，苏与王乃冤家对头，其实大谬不然。他们政见不同是事实，但他们都是襟怀广阔、光明磊落的仁人君子，互相仰慕对方的道德、文章，晚年私谊很深，同样是事实。

苏、王初次交往在何时，已无从考证，但嘉祐五年（1060）苏轼授河南府福昌县主簿的制词却是王安石起草的。制词称苏轼"尔方尚少，已能博考群书，而深言当世之务，才华之异，志力之强，亦足以观"。可见，此时王安石对苏轼已有相当了解。

苏轼被下御史台大狱，当权者必欲置之死地。而此时已经退休的王安石坚决反对，曾发出"岂有盛世而杀才士者乎"的呼声，力救苏轼。

元丰七年（1084）四月，苏轼由黄州团练副使改授汝州（今河南汝阳）团练副使。七月，抵达金陵。已经罢相退休的王安石，一直闲居于此。听说苏轼来了，亲自到码头上来看望苏轼。据宋人朱弁《曲洧旧闻》卷五载："东坡自黄徙汝，过金陵，荆公（王安石）野服（穿着平民百姓的衣服）乘驴，谒于舟次。东坡不冠而迎揖曰：'轼今日敢以野服见大丞相！'荆公笑曰：'礼岂为我辈设哉！'东坡曰：'轼亦自知相公门下用轼不着。'荆公无语，乃相招游蒋山。在方丈饮茶次，公指案上大砚曰：'可集古人诗，联句赋此砚。'东坡应声曰：'轼请先道一句。'因大唱曰：'巧匠斫山骨。'荆公沉思良久，无以续之。乃起曰：'且趁此好天色，穷览蒋山之胜，此非所急也。'田画承君是日与一二客从后观之，承君曰：'荆公寻常好以此困人，而门下士往往多辞以不能。不料东坡不可以此慑伏也。'"二人同游蒋山，谈天说地，相得甚欢。王安石还在自己家中几次款待苏轼，相处如老友，毫不见外。

蔡绦（tāo）《西清诗话》称："元丰中，王文公在金陵，东坡自黄（州）北迁，日与公游，尽论古昔文字，闲即俱味禅说。公叹息与人曰：'不知更几百年，方有如此人物！'"对苏轼称赏备至。《潘子真诗话》中还有苏、王二人手书诗作互相奉赠的记载。苏轼在金陵流连数日，二人唱和颇多。苏轼的《次荆公韵四绝》第三首有云："骑驴渺渺入荒陂，想见先生未病时。劝我试求三亩宅，从公已觉十年迟。"前联写王安石闲退半山园时骑驴访胜的情况，后联表示接受王安石的劝告，在此买田定居，与王安石同隐钟山。事虽不果，但二人真情相处，友谊之深，不难想见。

金陵分手后不久，苏轼就致信王安石："某游门下久矣，然未尝得如此行。朝夕闻所未闻，慰幸之极！已别经宿，怅仰不可言。"苏轼行至仪真，又致信王安石，表达了经常往来的愿望。王安石在《回苏子瞻简》中也说，分手之后"俯仰逾月，岂胜感怅"！

金陵相会是苏王交往中最快意的一次聚会，也是最后一次聚会。一年多以后，即元祐元年（1086），王安石便在金陵与世长辞。当时正任中书舍人的苏轼奉命起草了《王安石赠太傅敕》，称王安石"罔罗六艺之遗文，断以己意；糠粃百家之陈迹，作新斯人"。对王安石的道德文章给予了高度评价。

金陵相会，不但在二人友谊发展上占有重要地位，而且给人们留下了乐道的文坛佳话。蔡上翔在《王荆公年谱考略》卷二十三中说："两公名贤，相逢胜地，歌咏篇章，文采风流，照耀千古，则江山亦为之壮色。"

苏轼与王安石金陵相会，时王安石六十四岁，苏轼四十九岁。这两位熙宁变法时的政治对手，此时已成为推心置腹的朋友。时间可以化解一切矛盾和恩怨，苏王金陵相会，再次雄辩地证明了这一点。

惠州四年

哲宗绍圣元年（1094）四月，苏轼以"语涉讥讪""讥斥先朝"的罪名罢除端明殿学士和翰林侍读学士二职，并被撤销了定州知州的职务，以左朝奉郎（正六品上）知英州，但不久即降为充左承议郎（正六品下）。苏轼离开定州前往英州，行至当涂（今安徽当涂），又改授建昌军（治所在今江西南城）司马，惠州（今广东惠阳东）安置；行至庐陵（今江西吉安），又改贬为宁远军（今湖南宁远）节度副使，仍惠州安置。苏轼一路南下，谪令屡改，国家行政已经失去理性，苏轼的命运也只能听从摆布。途中，苏轼决定将家人安置于阳羡（今宜兴），在小儿子苏过和侍妾王朝云的陪同下奔赴贬所，同年十月到达惠州。

年近花甲的苏轼在惠州初居合江楼（实为城楼），后移居嘉祐寺松风亭。苏轼被发配到如此荒远之地，已经很难再做北归之想。绍圣三年（1096）七月五日，其爱妾朝云病逝于惠州。失去朝夕相伴的亲人，对苏轼来说，无异于雪上加霜。但苏轼并没有被苦难和不幸打倒，更没有失去对生活的信念。就在这一年，苏轼买地建房，凿井栽树，在当地的白鹤峰营建新居。第二年，二十间新房落成，题写了"德有邻堂""思无邪斋"，且"下有澄潭，可饮可濯。江山千里，供我遐瞩（远眺）"（《和陶时运四首并引》其二）。也在此时，长子苏迈被授韶州仁化（今广东仁化）令，携孙子来看望离别三年的老父亲，苏轼甚感欣慰。

苏轼在惠州虽多历忧患，但终于有了一个栖身之所。他不但在《迁居》诗中唱出了"已买白鹤峰，规作终老计"，打算在此地度过余生，而且还在《食荔枝二首》中为自己找到了充足的理由："罗浮山下四时春，卢橘杨梅次第新。日啖荔枝三百颗，不辞长作岭南人。"苏轼虽身处逆境，但其放达、潇洒的人生态度和傲然挺立的形象仍随处得以显现。他在《纵笔》一诗中写道："白头萧散满霜风，小阁藤床寄病容。报道先生春睡美，道人轻打五更钟。"年迈体衰的诗人，在荒蛮之地，能有如此通达、洒脱的风度和不屈于任何压力的放旷情怀，确为古今少有。清人纪晓岚评议此诗曰："盖失意之人作旷达语，正是极牢骚耳。"（《苏文忠公诗集》卷四十）这无疑是点破了苏轼放达、潇洒背后的深层含蕴。据曾季狸《艇斋诗话》说，当时的宰相章惇看到此诗后大为光火，他不愿意看到自己的政敌日子过得如此潇洒，于是再将苏轼贬为琼州别驾。

刚与家人团聚的苏轼竟然又被贬到当时"非人所居"的海南岛。自古以来，被流放到海南岛的人很少有能生还者，年迈的苏轼自然也不抱再回来的希望。他把家安置在白鹤峰，带着小儿子苏过毅然前往。家人送行，子孙恸痛于江边，苏轼在生离死别中结束了惠州四年的贬谪生活。

两代文坛盟主

欧阳修和苏轼是北宋中后期文坛上最为活跃、最有成就的杰出人物，他们先后主盟北宋文坛长达半个世纪之久，实为文学史上所罕见。

欧阳修是苏轼的恩师。欧阳修慧眼识珠，主持进士考试拔擢苏轼为第二。苏轼异日去谢欧阳修，欧问其所作《刑赏忠厚之至论》中关于尧和皋陶之事见于何书，苏轼答"事在《三国志·孔融传注》"。欧退而读之，无有，异日再问之，坡以孔融"意其如此"相对，欧退而大惊曰："此人可谓善读书，善用书，他日文章必独步天下。"（事见杨万里《诚斋集·诗话》）欧阳修对苏轼大加赞赏，大呼"快哉""可喜"！又说，三十年后，文坛上的风云人物一定是苏轼。作为文坛盟主，在苏轼崭露头角之时，就已感到将来是可以把文坛盟主的责任交给他的。这是期待，更是信任。当然，苏轼并未让欧阳修失望。苏轼应制科考试，欧阳修竭力举荐："臣伏见新授河南府福昌县主簿苏轼，学问通博，资识明敏，文采烂然，论议蜂出。其行业修饬（chì），名声甚远。臣今保举，堪应材识兼茂明于体用科。"

苏轼是欧阳修的高足。"受教于门下者，十有六年于兹。"（《祭欧阳忠公文》）备受欧阳修的奖掖和提携。苏轼称韩愈"文起八代之衰，而道济天下之溺"（《潮州韩文公庙碑》），对韩愈推崇备至，而对欧阳修则称："欧阳子，今之韩愈也。"（《六一居士集序》）认定欧阳修是北宋文坛无可争议的领袖人物，并且终生坚持韩、欧文道统一、反对形式主义文风的大方向，肯定欧阳修所说文章"必与道俱"的观点，强调文章的实用价值，坚持了宋代由欧阳修领导的诗文革新运动。

熙宁四年（1071），苏轼因不满王安石变法而要求放外任，出为杭州通判，苏辙送他至颍州，兄弟二人一同拜谒了已退居颍上的欧阳修。分手五六年后，师生重逢，促膝畅谈，相聚甚欢。苏轼先有《陪欧阳公燕西湖》诗："谓公方壮须似雪，谓公已老光浮颊。揭（qiè）来（来到）湖上饮美酒，醉后剧谈犹激烈。湖边草木新著霜，芙蓉晚菊争煌煌。插花起舞为公寿，公言百岁如风狂……"欧阳修鹤发红颜，醉后谈笑风生；苏轼插花起舞，为欧阳修祝福。师生这最后一面给人留下深刻印象。苏轼离开颍州时，又写诗云："多忧发早白，不见六一翁。"（《颍州初别子由》）仍对这位文学前辈多有不舍。

熙宁五年（1072），欧阳修病逝。得此噩耗，苏轼先写《哭欧公孤山僧惠思示小诗次韵》："故人已为土，衰鬓亦惊秋。犹喜孤山下，相逢说旧游。"又写下两篇《祭欧阳文忠公文》。其在杭州的祭文有云："公之没也，赤子无所仰芘（bì，庇护），朝廷无所稽疑（请教疑难问题）。斯文化为异端，而学者至于用夷；君子以为无为为善，而小人沛然自以为得时……昔其未用也，天下以为病；而其既用也，则又以为迟；及其释位而去也，莫不冀其复用；至其请老而归也，莫不怅然失望。"着重写欧公去世给朝廷、给社会、给文坛带来的影响和不可估量的损失，表达了既为"天下恸"，亦以"哭吾私"的无限沉痛之情。

元祐六年（1091），其知颍州，又有祭文云："轼自龆龀（tiáo chèn，指童年），以学为嬉。童子何知，谓公我师。昼诵其文，夜梦见之。十有五年，乃克见公。公为抚掌（fǔ zhǎng，拍手），欢笑改容；此我辈人，余子莫群。我老将休，付子斯文。再拜稽首，过矣公言。虽知其过，不敢不勉。契阔（聚散）艰难，见公汝阴（今安徽阜阳）。多士方哗（huá，喧闹），而我独南。公曰子来，实获我心。我所谓文，必与道俱。见利而迁，则非我徒。"详记自己由读其文、慕其人到谋面交往，并以"不辱其门"的誓言来告慰欧公,情真意切。

欧阳修为北宋诗文革新运动提出了理论,组织了队伍,并取得了重要成就;苏轼继承和发展了欧阳修的事业,把北宋诗文革新运动,也把唐宋两代的古文运动推向了最后的胜利。

兄弟情深

苏轼关入御史台大狱,与其子苏迈相约:平时无坏消息,送饭时只送菜和肉;如有不测,则改送鱼。一次苏迈托亲友送饭,亲友正好弄得一条鱼,便送入狱中。苏轼见鱼大惊,以为必死无疑,遂作诗与其弟子由诀别。诗中有云"与君世世为兄弟,更结来生未了因"。此生为兄弟,愿来生再为兄弟。此情何情?

苏轼与其弟苏辙不仅是手足兄弟,从小一起生活、读书,而且在科举、仕途等方面又几乎有着同样的经历。苏轼三次出蜀赴京,均与苏辙同行;二人同榜考中进士,又同时考中贤良方正直言极谏科。后苏轼因事入狱,苏辙一直积极设法营救苏轼,先是上书陈言,后又请求朝廷用自己的官职为兄长赎罪。苏轼被贬为黄州团练副使,苏辙也受牵连被贬为监筠州酒税。元祐年间,兄弟二人又同时在京城任要职;而到绍圣年间,变质的新党又同时将二人贬至远荒。二人可谓仕途上同患难,共浮沉。

在北宋,甚至历代文学家中,没有哪两个亲兄弟比苏氏兄弟的关系更为密切了。二人不管仕途逆顺,不管是共处还是分离,他们都心心相印,不仅书信往来,而且仅酬唱的诗作就达三百多首,或写相处之欢,或写别后思念,均情深意切,令人感动。身在仕途,兄弟时常分离,但只要有机会，兄弟二人即会相聚：苏轼贬黄州过陈，子由专程到陈和苏轼相处三日而别；子由被贬筠州，又至黄州和苏轼相聚半个月；苏轼量移汝州，专程到筠州看望子由；苏轼谪海南，子由贬雷州，二人又在滕州相会，同行至雷州。同胞之情，何其深也。

最能表达二人兄弟情谊的，大概莫过于苏轼的《水调歌头》（明月几时有）一词了。

宋神宗熙宁九年（1076），苏轼因政治原因出为密州知州。本打算能与在山东的子由时时相聚，但时过三年，兄弟仍未相见。中秋佳节，醉后有感而作此词。序曰："丙辰中秋，欢饮达旦，大醉，作此篇。兼怀子由。"其词云："明月几时有？把酒问青天。不知天上宫阙，今夕是何年。我欲乘风归去，又恐琼楼玉宇，高处不胜寒。起舞弄清影，何似在人间！　转朱阁，低绮户，照无眠。不应有恨，何事长向别时圆？人有悲欢离合，月有阴晴圆缺，此事古难全。但愿人长久，千里共婵娟。"词的上片从人望月的角度写，连用几个有关月亮的典故，将自己入世与出世、仕与隐的矛盾与困惑表达尽致，而最终是要回到"人间"，回到现实；下片从月照人的角度来写，"每逢佳节倍思亲"。月圆而人不能团圆，自然会增加人的思亲之情，但旷达的苏轼，想到的是"人有悲欢离合，月有阴晴圆缺，此事古难全"。既然离别是无可奈何之事，自己唯一能做的就是对对方有美好的祝愿，结尾这"但愿人长久，千里共婵娟"二语，饱含了对子由深挚的慰问和祝愿，只愿兄弟二人能健康长寿，友情、亲情长存。尤其是"但愿"二字，将此视为唯一的愿望，实在感人肺腑。而这两句词，也可视为苏轼向世间所有离别之人发出的慰问和祝愿。所以此词一出，广为传诵。难怪胡仔在《苕溪渔隐丛话》中说："中秋词，自东坡《水调歌头》一出，余词尽废。"此词历来公认为中秋词之绝唱，绝就绝在他喊出了人们共同的愿望和心声。

苏轼称苏辙："岂独为吾弟，要是贤友生。"（《初别子由》）认为苏辙不仅是自己的弟弟，而且是自己贤达的朋友。苏辙称苏轼："抚我则兄，诲我则师。"（《亡兄子瞻端明墓志铭》）认为苏轼爱抚关切自己不愧是兄长，而在教诲自己方面则为师长。苏轼兄弟一生历尽患难，但时时心路同行。生则愿"人长久"，死则愿有"来生未了因"。其可谓"天长地久有时尽，此情绵绵无绝期"。悠悠千载，至今人们仍将苏轼、苏辙兄弟的骨肉之情传为佳话，奉为楷模。

善谑三则

苏轼生性通达，极善戏谑，这在当时就很有名。其善谑事例很多，这里仅举几例。

陈慥（zào），字季常，号方山子，四川眉山人，与苏轼为同乡。年轻时即与苏轼友善，一起谈论兵法及古今得失。一生放旷失意，后隐居于黄州之歧亭（在今湖北麻城西南）。

据宋人蔡絛（tāo）《西清诗话》载："东坡谪黄冈，与陈慥季常游。季常自以为饱禅学，而妻颇悍忌，客至，或诟骂未已，声达于外，季常畏之。"陈慥好禅学，其妻柳氏凶悍而善妒。陈慥每次宴请客人，有乐妓声，柳氏即用大棍敲墙，致使客人不欢而散。有时当着客人的面对他诟骂不已，声音之大，街上都能听见。陈慥十分惧怕她。大丈夫怕老婆，古已有之，但教人写入诗中者，实在不多。苏轼却因此写诗和陈慥开玩笑，其诗曰："谁似龙丘居士（即陈慥）贤，谈空说有夜不眠。忽闻河东狮子吼，拄杖落手心茫然。"这种将悍妻的诟骂声比作"狮子吼"，把陈慥惧内形容为吓得拐杖都从手中掉下，可谓极尽夸张之能事，但对这种善意的戏谑，陈慥并不在意。苏轼在黄冈四年，曾三次造访陈慥，而陈慥七次回访，关系极密切，苏轼为他撰写《方山子传》。

吕大防，字微仲，宋哲宗元祐年间为宰相，与范存仁同时辅政，八年始终如一，后为奸佞章惇构陷，贬死。据宋人孙宗鉴《西畲（shē）琐录》载：因吕大防体态丰硕，苏轼"每戏之曰：'公真有大臣礼。此坤六二（《易经》爻辞）所谓直方大也。'微仲拜相，东坡当制（时任知制诰），其词曰：'果艺以达，有孔门三子之风，直大而方，得坤爻六二之动。'一日，东坡谒（拜见）微仲，仲方昼寝（刚午休），久而不出，东坡不能堪（受不了）。良久，见于便坐（在别室相见）。有菖蒲盆畜绿毛龟。东坡曰：'此龟易得，若六眼龟则难得。'微仲问六眼龟出何处。东坡曰：'昔唐庄宗同光中（同光年间）林邑国常进六眼龟儿，号曰六只眼儿分明，睡一觉抵别人三觉。'"苏轼因不满吕大防昼寝过久，让自己等得无法忍受而借"龟"说事，嘲谑吕大防。当时吕大防是宰相，苏轼是知制诰，尽管他们早已熟识，但借龟嘲讽宰相贪睡，总算不敬；尽管苏轼是说"龟"，但吕大防也不会不知道他"醉翁之意不在酒"。苏轼敢当面嘲谑当朝宰相，而吕大防不恼不怒，更不治罪，也算宋代文人交往之趣事。

宋哲宗绍圣元年（1094），苏轼被新党以"语涉讥讪""讥斥先朝"罪一贬再贬，谪至惠州，前后在此生活了四年。据宋人赵令畤（zhì）《侯鲭录》卷三载："东坡再谪惠州日，一老举人年六十九为邻，其妻三十岁，诞子，为具邀公。"老举人老来得子，乃大喜之事，准备了酒席邀请了苏轼。苏轼应邀，欣然前往。但这酒席不能白吃，到一定火候，老举人便提出要求，请苏轼为他写一首诗，苏轼没有拒绝，略加思索遂戏题一联："令阁方当而立岁，贤夫已近古稀年。"其妻三十岁，当然是正当而立之年；"人生七十古来稀"，老举人六十九岁，当然是已近古稀年。

苏轼巧妙地以这对老夫少妻的年龄为内容写此一联，既切合实情，又不失文雅，还带有善意的戏谑成分。

善戏谑，是苏轼性格的一大特征。戏谑，就是用有趣的引人发笑的话开玩笑。一说开玩笑，似乎人人都会，其实不然。开玩笑也有雅俗之别，没有文化底蕴，开玩笑往往直白、俗气，甚至粗野，令人不快。而真正令人捧腹、耐人深思玩味的玩笑，则需要知识，需要智慧，能因人、因时、因事而宜，既文雅、含蓄，而又不失幽默、诙谐，苏轼做到了这一点。

兹游奇绝冠平生

苏轼在惠州这块荒蛮之地度过了四年，而他在诗中却不时展现自己放达、潇洒的人生态度："日啖荔枝三百颗，不辞长作岭南人"。"白头萧散满霜风，小阁藤床寄病容。报道先生春睡美，道人轻打五更钟。"当时的宰相章惇读到这些诗，鼻子都气歪了。他不愿他的政敌过着如此安闲的日子，于是将苏轼再贬为琼州（今海南）别驾。当时的琼州，非人所居，历来流放于此者，极少能够生还。苏轼也抱定必死之心，安顿好家室，与子孙江边泣别，毅然前往。

苏轼于绍圣四年（1097）七月到达琼州，时年六十二岁。初到儋耳（今海南儋州），儋守张中让他暂居官舍之中，聊避风雨；借一点官地耕种，聊以维持生计。但当权者仍不甘心，必欲置之死地而后快，结果是苏轼被赶出了官所，张中也因此受到了降职处分。苏轼被逼无奈，只好在城南买地、筑室，自己亲自动手，又赖当地十几个穷学生的帮助，终于修成草屋三间，草屋四周是桄榔（常绿乔木）树林。苏轼为新居题名为"桄榔庵"。他在《桄榔庵铭并序》中称此地是"海氛瘴雾,吞吐吸呼。蝮蛇魑魅(chī mèi,传说中的妖怪),出怒入娱"。不但自然环境恶劣,而且生活也极为困苦:"此间食无肉,病无药,居无室,出无友,冬无炭,夏无寒泉。然亦未易悉数,大率皆无尔。"(《答程天侔书》)这使我们不难想象苏轼当时生活之艰苦,但这艰苦的生活并没有使他颓丧,他"食芋饮水,著书以为乐"。更为可贵的是他没有失去对生活的热爱和对百姓生活的关心。

他还像做地方官一样关心百姓疾苦,帮助他们发展生产,改善生活条件。他给知州王敏仲写信,建议用竹筒引山涧之水解决用水问题;他又建议县令充分利用溪水资源,用碓(duì,舂米之物)磨来舂米磨面;他还积极推广新式农具"秧马"等。此外,他还帮助百姓破除迷信,向他们传播文化知识,和当地百姓建立了真诚的友谊。

诗歌已成为苏轼生活中不可或缺的重要组成部分。他不但用诗歌来表现自己的失意、孤独、寂寞,而且为了排遣苦闷,他还把许多日常生活琐事写入诗中,如"旦起理发""午窗坐睡""夜卧濯足"等。更令他欣慰的是,他再次发现了陶渊明、柳宗元诗歌的意义,将其"常置左右,目为二友"(《与程全父书》)。特别是对陶诗,体会尤深。他在《与子由六首》其五中说:"吾于渊明,岂独好其诗也哉?如其为人,实有感焉。"他引陶渊明为知己,一遍又一遍地追和陶诗,共得一百零九首。佛、道思想和陶渊明的诗歌成为他在蛮荒之地心平气和地生活数年的重要精神支柱。

当元符三年(1100)六月苏轼遇赦北归时,真可谓百感交集。他即将离开海南时,写下《澄迈驿通潮阁二首》,其一云:"倦容愁闻归路遥,眼明飞阁俯长桥。贪看白鹭横秋浦,不觉青林没晚潮。"没有感恩的言语,没有激动的眼泪,也没有归心似箭的期盼,唯有看到的白鹭秋浦,青林晚潮。在其渡海之际，又写下了《六月二十日夜渡海》一诗："参横斗转欲三更，苦雨终风也解晴。云散月明谁点缀，天容海色本澄清。空余鲁叟乘桴意，粗识轩辕奏乐声。九死南荒吾不恨，兹游奇绝冠平生。"苦雨终风停止了，天容海色恢复了澄清的本来面貌。该北归了，九死一生的海南流放生活结束了。诗人把这不堪回首的生活经历比作人生最为奇绝的游历，这是何等旷达的襟怀？又是何等难以言状的牢骚！

北归了，但何处是自己的归宿？年近古稀的苏轼的确无处可归。几经周折，才算在常州找到了落脚之地。但第二年，他即与世长辞。临终前，他极富深意地自题画像说："心似已灰之木，身如不系之舟。问汝平生功业，黄州、惠州、儋州。"（《自题金山画像》）这首颇富自嘲意味的诗，形象而生动地道出了他一生屡遭打击，到处贬逐，而能四海为家、随遇而安的人生态度，也写出了自己身心交瘁的凄凉晚景。

苏轼没有成为宋仁宗所期望于他的北宋宰相，但一生的逆境磨难却玉成了他在文学艺术领域的盖世功业。

阳羡赠屋

苏轼一生宦游四方，而多在东南地区。他曾做过杭州通判，后又知杭州；乌台诗案后贬居黄州（今湖北黄冈），后又量移汝州，其后又上书"乞居常州"，在其谢表中更有"买田阳羡（今江苏宜兴），誓毕此生"之语。晚年自儋州（今海南）北归，又卜居阳羡。

宋徽宗建中靖国元年（1101），苏轼自儋州遇赦北归，暂住阳羡。阳羡一带的士大夫因苏轼曾是"罪人"而多不敢与之交友，只有士人邵民瞻从学于苏轼，而苏轼也很喜欢邵民瞻这个小知识分子，二人相处甚好，时时拄着拐杖走过长桥，以寻访山水为乐。邵民瞻替苏轼买了一处住宅，花费五百缗（mín，串铜钱的绳，每串一千文为一缗）。苏轼"倾囊仅能偿之"，即花尽了所有的积蓄。苏轼择吉日搬入新居，十分高兴，当夜与邵民瞻月下散步，偶然走到一个小村落，听到有妇人哭声甚哀。苏轼倚杖倾听，说："奇怪啊！怎么哭得这么悲伤啊！难道是有太难于割爱之事触动了她的内心？我要去问个明白。"于是他就和邵民瞻推门而入。进去一看，原来是个老太太。见苏轼进来，这个老太太照样哭泣。苏轼问她："你为什么这么悲伤啊？"老太太说："我家有一所住宅，相传已有百年，历代都不敢动，以至传到我这一代。但我的儿子不孝，把它卖给了别人。我如今搬家搬到这里，想起我家那百年老屋，一旦永远和它告别，能够不痛心吗？这就是我今天痛哭的原因。"苏轼听完老太太的哭诉，也深为其悲伤。苏轼就问老太太的故居在什么地方，原来苏轼花五百缗所买的房子正是老太太家的祖屋。苏轼再三宽慰老太太，并对她说："你家的旧居正是我所买的房子！你不必过于悲伤，现在我将把这所住宅归还给你。"遂即让人取来房契，当着老太太的面将其焚烧；又叫来老太太的儿子，让他第二天就把母亲接回旧宅居住，竟然分文不取，即将房子白白送还给老太太。

苏轼将买来的房子白送给了原来的主人，在宜兴已没有了住所，于是又回到了毗陵（今江苏常州）。因其在宜兴买房已花完了全部积蓄，到常州已无钱买房，而是借用顾塘桥村民孙氏宅暂时居住。同年七月，苏轼即病逝于这借住的房子里。

苏轼将其倾囊所有买的房子无偿还给原主，而自己宁可搬家借房暂住，的确表现了他的宽厚仁慈之心和豁达忘我的高尚风节。此事发生在苏轼生命的最后时期，世人多不知此，此事只在常州传诵。后由费衮在其《梁溪漫志》一书的《东坡卜居阳羡》中记录此事，因此得以传诵。

爱才若渴奖后进

欧阳修之于苏轼，确如伯乐之与千里马。而苏轼亦以同样的胸怀对待后进之士。

随着苏轼文学创作的声誉越来越高，"粉丝"也愈来愈多，慕名而来的士子络绎不绝。黄庭坚给他寄来书信和《古风》二首，并称"晚学之士，不愿亲炙火烈，以增益其所不能，则非人之情也"（《上苏子瞻二首》），表示愿列于苏轼门下。苏轼见其诗文，"以为超轶绝尘，独立万物之表，世久无此作"，称其《古风》二首"托物引类，真得古诗人之风"，认为此人"将逃名而不可得"，黄庭坚由是而声名始振。

秦观举进士不中，到徐州谒见苏轼，并撰写《黄楼赋》，苏轼"以为有屈宋才"，"忽然一鸣惊倒人"，并说"少游文章美如玉，又琢磨之功，殆未有出其右者"。把他介绍给王安石，勉励他应举。秦观遂中进士。元祐初年，苏轼又以贤良方正荐之于朝，除太常博士。及秦观死，苏轼闻之，叹曰："少游不幸死道路，哀哉！世岂复有斯人乎？"（《宋史·秦观传》）

晁补之十七岁时随父至杭州，观钱塘山川风物之美，著《七述》以谒见杭州通判苏轼。苏轼也曾打算著文描绘杭州的山川景物，读晁补之《七述》后，自叹"吾可以搁笔矣"，并称其文"博辩隽伟，绝人甚远，必显于世"，晁补之由是知名。苏轼知扬州时，晁补之为其幕僚，尝以其从弟晁咏之之诗文献给苏轼。苏轼读后说："有才如此，独不令我一识面耶？乃具参军礼入谒，轼下堂挽而上，顾坐客曰：奇才也！"（《宋史·晁咏之》）晁咏之遂举进士，举博学鸿词，一时传诵其文。

张耒"游学于陈，学官苏轼爱之，因得从轼游，轼亦深知之，称其文汪洋冲淡，有一唱三叹之声"。苏轼就是这样十分热情地接待、培养和奖掖这些年轻士子，一时间，形成了以苏轼为盟主的文学圈子，在文学创作上呈现出十分活跃的气氛。哲宗元祐年间，苏轼在京四年，主持过学士院考试和进士贡举，拔擢毕仲游、黄庭坚、张耒、晁补之出任馆职，又举秦观、陈师道任京官。他们互相酬唱，蜚声文坛，后人所谓"元祐诗人"，即指苏轼提携的这些后进之士，而其中的黄庭坚、张耒、秦观、晁补之，被称为"苏门四学士"。陈师道早年曾见知于曾巩，曾巩荐其为徐州教授，后改颍州教授。苏轼知颍州，待之如弟子。李廌（zhì），曾谒见苏轼于黄州，持文求教。"轼谓其笔墨澜翻，有飞沙走石之势，拊其背曰：'子之才，万人敌也，抗之以高节，莫之能御也。'廌再拜受教……旦而别轼，将客游四方，以葳（wēi，繁盛）其事。轼解衣为助，又作诗以劝风义者……"（《宋史·李廌传》）"苏门四学士"加上陈师道和李廌，世称"苏门六君子"。

苏轼爱才若渴，门生对他景仰备至。他被贬海南，友人参寥要与颖沙弥渡海相从，经苦劝乃止；巢谷自眉州来访，渡海后死于新洲；葛延之从江阴跋涉万里，登门求教。苏轼在海南，仍重视培养黎族知识分子，竟有一人金榜题名，成为海南历史上第一名进士。

苏轼一生坎坷，多处困境，但每当想起他所提携的后学之士，总能感到快慰。他在《答李昭玘（qǐ）书》中说："轼蒙庇粗遣，每念处世穷困，所向辄值墙谷，无一遂者。独于文人胜士，多获所欲。如黄庭坚鲁直、晁补之无咎、秦观太虚、张耒文潜之流，世皆未知之，而轼独先知之。"政治上未遂其志，慧眼识才，则多遂所愿。欧阳修当年把主盟文坛的责任托付给苏轼，苏轼当仁不让；同样，苏轼也多次对其子弟讲："异时文章盟主，责在诸君，亦如文忠（欧阳修）之付授也。"（李廌

《师友谈纪》)

苏轼在培养后进之士的过程中，也不断总结自己的创作经验，常常利用和弟子们的书信和各种序、跋来阐明自己的文学思想。但苏轼完全没有王安石要人"同己"的毛病，他并不把自己的东西强加给学生，不要求弟子们对自己亦步亦趋。他的学生可以自由评价他，如黄庭坚，一方面称赞苏轼文章"嬉笑怒骂，皆成文章"，一方面又说"东坡文章妙天下，其短处在好骂"。秦观写词，并未沿苏轼的路子，苏轼并无不悦，相反，对其词评价很高，因赞赏秦观《满庭芳》词首句"山抹微云"而戏称秦观为"山抹微云君"；又绝爱秦观《踏莎行》词末二句"郴江幸自绕郴山，为谁流下潇湘去"而将其书写在自己的扇子上。正因如此，所以苏轼弟子虽多，但在诗、词、文的创作方面无一人完全沿着苏轼的路子走，他们都能够沿着自己的道路发展，形成自己鲜明的艺术个性和创作风格，促进了文学艺术多样化的发展。

葛立方说："东坡喜奖后进，有一言之善，则极口褒赏，使其有闻于世而后已。故受其奖拂者，亦踊跃自勉，乐于修进，而终为令（美好）器。若东坡者，其有功于斯文哉，其有功于斯人哉！"（《韵语阳秋》卷一）

苏轼一生热心奖掖后进，其但开风气不为师的风度，使其弟子既在道德、文章方面受到影响，又不使其囿于自己的框框，影响他们的自由发展。所幸者是弟子们的诗文各具其貌，所不幸者是他们中无一人能如苏轼所望成为一代文坛的领袖。

诗中理趣

当欧阳修读到苏轼最早给他的书信时，就曾说："轼所言乐，乃某所深得者尔，不意后生达斯理也。"（《与梅圣俞》）欧阳修对苏轼极高的"达理"悟性，不禁发出后生可畏的感慨。

北宋时期士人尚理已成一种风气，亦即人们常说的宋人好议论。这种风气反映到诗文创作中，便是宋代诗文议论化的倾向。苏轼不但受这种风气濡染，而且把"达理"作为自己文学创作的一种自觉追求，即在诗文中加入自己对艺术、对人生独特的理性思考。

苏轼兄弟第一次赴京应试时，曾路过渑池（今河南渑池西），寄宿于寺舍，并在住持奉闲和尚的居室墙上题诗。嘉祐六年（1061），苏轼出任凤翔（今陕西凤翔）签判，苏辙知其兄要路经此地，于是便写了《怀渑池寄子瞻兄》一诗给苏轼。苏轼又经此地，重游寺舍，昔时之景已不复存在：墙倒屋破，飞雪枯树，一片荒寂。寺庙长老已经故去，墙上题诗也无迹可寻，唯有新建的白塔（长老之坟）似乎在向人们暗示着什么。读着苏辙的诗篇，他内心颇有触动，于是就写下了《和子由渑池怀旧》一诗："人生到处知何似？应似飞鸿踏雪泥。泥上偶然留指爪，鸿飞那复计东西。老僧已死成新塔，坏壁无由见旧题。往日崎岖还记否？路长人困蹇（jiǎn）驴嘶。"这首诗最值得称道的是其生动精妙的比喻：飞鸿过后，它偶然在雪泥上留下的爪印依稀可睹。这一蕴含哲理的比喻，表达了诗人对人世变迁的惆怅之情。诗人仅以一个生活中常见的景象作比，就生动地揭示了他对人生漂泊、旧游似梦的虚无感的深切领悟，道出了许多人想说而不曾说出的共同感受。人们不能不惊讶于这位二十六岁的年轻人竟会对人生哲理有如此透辟的理解。所以雪泥鸿爪、飞鸿印雪、飞鸿踏雪等也就成为著名的典故流传至今。

　　苏轼有许多以理趣见长的诗作，他在写景、咏物、记事之中，往往有意识地阐发某种生活哲理，表达对于人生的思索。如其《题西林壁》："横看成岭侧成峰，远近高低各不同。不识庐山真面目，只缘身在此山中。"此诗为元丰七年（1084）苏轼改为汝州团练副使途中游庐山时所写。庐山的全貌，只有远眺或鸟瞰时才可看到，而置身于山的某一局部时，虽在山中，反而不能识其全貌。此诗道出了一个平凡的真理，包括了整体与部分、全局与局部、宏观与微观、综合与分析等耐人寻味的概念。我们今天所说的"当局者迷，旁观者清"，也与此息息相通。这首极富哲理性的山水诗不仅赢得了读者广泛传诵和吟味，而且也成为人们讽喻某种社会现象的熟语，具有强大的艺术生命力。

　　再如其咏物诗《琴诗》："若言琴上有琴声，放在匣中何不鸣？若言声在指头上，何不于君指上听？"佛教《楞严经》中有"虽有妙音，若无妙指，终不能发"的话，苏轼汲取了此话的意旨，写成这首咏物绝句，巧妙地说明了世间各种事物之间相互配合、互相作用的关系，生动、精妙，在习以为常中给人以新的启迪。

　　诗歌以形象思维见长，如在诗中干巴巴发议论，会让人觉得面目可憎。苏轼诗中的"理"，不是玄思，也不是逻辑推理，而是生活中随触而发的感悟。他把普通的自然现象和生活现象上升为哲理，通过具体的、生动的、习以为常的事物，把人生的感受转化为理性的反思，一点即明，耐人寻味，发人深省。这样的诗，把精深的哲理和生活的意向有机结合，既优美动人，又趣味无穷，是名副其实的"理趣诗"。苏轼以其灵心慧眼，多能发现妙理新意，这也是其诗受到读者普遍欢迎的重要原因之一。

崇尚自然反雷同

什么样的文章才算是好文章？苏轼的回答很简单："能道意所欲言。"（《答王庠书》）他认为，要求物之妙，达物之理，就不但要了然于心，而且要了然于口与手。就是说，心里想到的，就能用口说得出，用手写得出。能把自己想说的话完美地表达出来，即是最好的文章，而不需要挖空心思地去"作"文章。这里苏轼不是反对文学技巧，恰恰相反，这正说明了他对文学技巧的高度重视，同时也强调了文章要出于自然。

苏轼为文是特别重视"自然"的。他自觉追求文章的无拘无束，挥洒自如。他曾自评其文曰："吾文如万斛泉源，不择地而出，在平地滔滔汩汩，虽一日千里无难；及其与山石曲折，随物赋形而不可知也。所可知者，常行于所当行，常止于不可不止，如是而已矣。"（《文说》）在《答谢民师书》中，他称谢民师之文是"大略如行云流水，初无定质，但常行于所当行，常止于不可不止，文理自然，姿态横生"。谢文未必如此，把这几句话看作夫子自道，可能更为合适。所谓"初无定质"，就是不要事先划定框框，要顺其自然，该行则行，该止则止，既要"文理自然"，又要"姿态横生"。这个要求是很高的，但苏轼自己完全做到了这一点。"清风徐来，水波不兴……少焉，月出于东山之上，徘徊于斗牛之间。白露横江，水光接天。纵一苇之所如，凌万顷之茫然。""且夫天地之间，物各有主，苟非吾之所有，虽一毫而莫取。惟江上之清风，与山间之明月，耳得之而为声，目遇之而成色，取之无禁，用之不竭，是造物者之无尽藏也，而吾与子之所共适。"（《赤壁赋》）"庭下如积水空明，水中藻荇交横，盖竹柏影也。何夜无月，何处无竹柏，但少闲人如吾两人耳。"(《记承天寺夜游》)寥寥数笔，情景如绘。读着这样的文章，我们才真正体味到何谓"文理自然，姿态横生"，何谓"行云流水"，行止自如。苏轼曾对刘景文说："某平生无快意事，惟作文章，意之所到，则笔力曲折，无不尽意，自谓世间乐事无逾此者。"说明他真正做到了"意到笔随""言能称意"，所以他把写文章看作人生最大的乐事也就不足为奇了。

苏轼为文追求自然，反对事先设定框框，因此他对当时"千人一律"的程式文章深恶痛绝。王安石是唐宋八大家之一，文章写得很好，但他有个毛病，就是过于自信，并喜欢别人"同己"。就是说，他长什么样，别人最好也长那样；他的文章什么样，别人最好也那样。他当时是宰相，位高权重，一帮世俗文人，附之唯恐不及，所以都以王安石的文章为楷模，纷纷效仿，致使文坛程式化倾向日益严重。苏轼对此极为不满，于是在《答张文潜书》一文中，对王安石企图以自己的文章来划一文坛所产生的不良影响提出了尖锐的批评："文字之衰，未有如今日者也。其源实出于王氏。王氏之文，未必不善也，而患在于好使人同己。自孔子不能使人同颜渊之仁、子路之勇，不能以相移，而王氏欲以其学同天下。地之美者，同于生物，而不同于所生。惟荒瘠斥卤之地，弥望皆黄茅白苇，此则王氏之同也。"黄茅白苇，偶然一见，确为不错的自然景物，但如到了盐碱地，放眼望去，无边无际，尽是黄茅白苇，那一定会使人感到索然寡味；文亦如此，王文不错，作为一花，光艳夺目，但如果天下之文皆如王文，即使再好，也难免单调。苏轼批评王安石要人"同己"，反对文章风格的雷同，提倡艺术独创性、风格多样性。这是他对古文理论的一大发展，为古文创作的繁荣和风格多样化、个性化开拓了新的天地。

文星陨落天地泣

苏轼是宋代成就最高的文学家，在整个中国文学史上，他更是屈指可数的通才作家，不但诗、词、文成就斐然，而且在书法、绘画等方面也成绩卓著。他是著名的文学活动家，是欧阳修之后无可争议的文坛领袖；他是著名的文学理论家，提出了"务令文字华实相副，期于适用"，文章应"技道两进"，创作应勇于独创，"出新意于法度之中，寄妙理于豪放之外"，文章应"如行云流水"，要"文理自然，姿态横生"，以及反对文风雷同等一系列重要的理论主张。宋人称苏轼文章"为天下第一"（范祖禹《荐讲读官札子》），《宋史·本传》称他的创作"浑涵光芒，雄视百代"。其文今存约四千篇，与欧阳修齐名，并称"欧苏"，是唐宋八大家之一；其诗今存二千七百余首，与黄庭坚齐名，并称"苏黄"，"继李杜后为一大家"；其词今存二百八十多首，与南宋辛弃疾并称"苏辛"。其书法自成一家，与蔡襄、黄庭坚、米芾（fú）并称"宋四家"；其论画卓有所见，主张"神似""传神"，提出"诗中有画""画中有诗"。他善画竹石，虽属文同为代表的"湖州派"，但"竹石风流各一时"。由此可见，苏轼真可谓"天下之奇才"。

苏轼经历了岭南七年的贬谪生活，九死一生，于元符三年（1100）遇赦北归，几经周折，才在常州落脚，不幸于次年即病逝于常州。

"文星落处天地泣"（费衮《梁溪漫志》卷七）。苏轼去世，在全国引起了广泛的哀悼：其好友相率吊祭于其家，京城的太学生数百人自动聚集到佛寺中为他举行祭奠仪式；曾经亲睹和亲历苏轼善政的吴越之民相与痛哭于市。其弟子李廌作祭文悼其师云："道大不容，才高为累。皇天后土，鉴平生忠义之心；名山大川，还千古英灵之气。识与不识，谁不盡（xī，伤痛的样子）伤？闻所未闻，吾将安放！"（见朱弁《曲洧旧闻》）。这无疑是道出了人们的共同心声，所以这篇祭文在当时即广为传诵。

苏轼热心奖掖后进，培植了大批人才；苏轼的作品在宋代即广为流传，对宋代文学发展起到了重要作用。苏文长期沾溉后学，其小品随笔更开明清小品文之先河；苏诗历代受到推崇，金代诗人、明代公安派、清代的宋诗派，无不传其衣钵；苏词影响深远，直至清代以陈维崧为首的阳羡派仍宗法苏词。苏轼的文学作品及其书画作品是他留给后人的一份珍贵遗产。

苏轼没有成为宋朝的宰相，这或许是历史的遗憾；苏轼成了一位伟大的文学家，这绝对是历史的幸运。苏轼如果真的当了宰相，那只不过是在历史上长长的宰相名单中多一个名字而已；他成了一位伟大的文学家，留给后人的是永恒的精神财富。韩愈在评说柳宗元一生的得失时说："然使子厚斥（贬斥）不久，穷不极，虽有出于人，其文学辞章，必不能自力以致必传于后如今无疑也。虽使子厚得所愿，为将相于一时，以彼易此，孰得孰失，必有能辨之者。"（《柳子厚墓志铭》）用此话移之于苏轼，难道不也是恰如其分吗？

小档案

苏轼（1037—1101），字子瞻，自号东坡居士，眉州眉山（今四川眉山）人，嘉祐六年（1061）通过制科考试后，步入仕途。熙宁二年（1069）神宗任命王安石为相，正式实行熙宁变法，苏轼对此持反对态度。由于与新法不合，被迫远离朝政，先后任杭州通判，密州、徐州、湖州知州。元丰二年（1079），被政敌以谤讪新政的罪名治罪入狱，这就是著名的"乌台诗案"。案后被贬为黄州团练副使，后量移汝州。哲宗即位后，旧党执政，苏轼被召回京，官至起居舍人、中书舍人、翰林学士、知制诰。但苏轼因反对司马光等人尽废新法，又得罪了旧党，再度被排挤，先后知杭州、颍州、扬州、定州。哲宗亲政后，新党复起，苏轼又被当作旧党要员加以迫害，以"讥斥先朝"罪先后被贬到英州（今广东英德）、惠州（今广东惠阳）、儋州（海南岛）。建中靖国元年（1101）徽宗即位，苏轼遇赦北归，结束了七年岭南流放生涯。是年七月病逝于常州，谥"文忠"。

苏轼的思想比较复杂，虽然以儒家思想为主，但老庄哲学和释道思想也很浓厚。特别是受打击迫害后，更是如此。苏轼在政治上主张革新，但同时主张"渐变"和"人治"，反对王安石变法。但他始终关心国计民生，关心人民疾苦，在各地方官任上都政绩斐然。苏轼为人耿直正义，才意迈峻，重节操；同时又放旷乐观，随缘自适，善谐谑，极具个性。

苏轼是继欧阳修之后北宋的文坛领袖，是诗文革新运动的集大成者。其古文运动的理论与古文创作都达到了完善的地步。其文众体兼长：论说文立意新颖，论证精辟，纵横驰骋，波澜层出；抒情散文充满诗情画意，形成行云流水、舒卷自如、文理自然、姿态横生的风格。他的词在内容上对前代是一个大发展、大开拓，风格上又在婉约派的一统天地外别开豪放与旷达两派，对词的发展做出了划时代的贡献。他是唐宋八大家之一，对后世影响深远。

苏轼名段名言

　　盖将自其变者而观之，则天地曾不能以一瞬；自其不变者而观之，则物与我皆无尽也，而又何羡乎！且夫天地之间，物各有主，苟非吾之所有，虽一毫而莫取。惟江上之清风，与山间之明月，耳得之而为声，目遇之而成色，取之无禁，用之不竭。是造物者之无尽藏也，而吾与子之所共适。(《前赤壁赋》)

　　故画竹必先得成竹于胸中，执笔熟视，乃见其所欲画者，急起从之，振笔直遂，以追其所见，如兔起鹘落，少纵则逝矣。(《文与可画筼筜谷偃竹记》)

　　天下有大勇者，卒然临之而不惊，无故加之而不怒，此其所挟持者甚大，而其志甚远也。(《留侯论》)

　　夫君子之所取者远，则必有所待；所就者大，则必有所忍。(《贾谊论》)

　　古之立大事者，不惟有超世之才，亦必有坚忍不拔之志。(《晁错论》)

苏辙：

真情笃诚处一世，汪洋淡泊好文章

他与兄长情谊深笃,是苏轼人生之旅中坚实的后盾;早年以儒为主,关心时事,关心民生;晚年辞官家居,笃信佛老,喜谈性理。其文在兄长的光环下,也自有一段烟波。

应制科直谏仁宗

宋仁宗嘉祐六年（1061），苏辙参加了直言极谏科考试。八月，翰林学士吴奎、龙图阁直学士杨畋（tián）、御史中丞王畴、知制诰王安石考试制科举人于秘阁楼。后仁宗又御崇政殿策试制科举人。当时仁宗年事已高，苏辙忧虑皇上倦于勤政，于是极言得失，对于禁中（宫中）之事，尤为激切。苏辙说：陛下在位三十余年了，经常忧虑国事吗？我读制策，看到您有忧惧之言，但"窃意陛下有其言耳，未有其实也"。从前，在宝元、庆历年间，西夏入侵，"陛下昼不安坐，夜不安席，天下皆谓陛下忧惧小心如周文王。然自西方解兵，陛下弃置忧惧之心已二十年矣。古之圣人，无事则深忧，有事则不惧……今陛下无事则不忧，有事则大惧，臣以为忧乐之节易矣"。又说："近岁以来，宫中贵姬至以数千，歌舞饮酒，优笑无度。坐朝不闻咨谟（讨论商酌），便殿无所顾问。三代之衰，汉唐之际，女宠之害，陛下亦知之矣。久而不止，百蠹将由之而出。内则蛊惑之所污，以伤和伐性；外则私谒之所乱，以败政害事。陛下无谓好色于内，不害外事也。今海内穷困，生民愁苦，而宫中好赐不为限极，所欲则给，不问有无。司会不敢争，大臣不敢谏，执契持敕，迅若兵火。国家内有养士、养兵之费，外有契丹、西夏之奉，陛下又自为一阱以耗其遗余，臣恐陛下以此得谤，而民心不归也。"苏辙当面指斥仁宗不忧国事，胸无远虑，每天专宠女色，优乐无度，致使"司会不敢争，大臣不敢谏"，国家内外交困，百姓水深火热，而皇上奢靡无度，势必导致"民心不归"。这些话句句切中要害，充分表现了苏辙关心国计民生、犯颜直谏的勇气。

由于激愤，不给皇帝老爷留面子，苏辙自以为必定被黜。核考官司马光认为应入第三等，初考官胡宿不同意。司马光与范镇商量，以苏辙入第四等，蔡襄也表示同意，唯有胡宿认为苏辙出言不逊，竭力请求将苏辙废黜。司马光上奏章力争，认为苏辙的对策"词理俱高，绝出伦辈"。"其指陈朝廷得失，无所顾虑，于四人之中最为直切。今若以此不蒙甄收（录取），则臣恐天下之士皆以为朝廷虚设直言极谏之科……从此四方以言为讳，其于圣主宽明之德亏损不细（不少）……陛下特以其直切收之，岂不美哉！"司马光以利害说服了仁宗。此后，执政大臣将苏辙的对策呈上，还想废黜他。仁宗不许，说："以直言召人，而以直言弃之，天下其谓我何？"就是说，以直言极谏科招纳人才，又以直言极谏将人废弃，天下人会怎么说我？宰相不得已，只得将苏辙收入下等，授官为商州军事推官。谏官杨畋见仁宗时说："苏辙，臣所荐也。陛下赦其狂直而收之，盛德之事也，乞宣付史馆。"仁宗很高兴地采纳了他的建议。

苏辙的犯颜直谏引起大臣们的争议，差点因直言而被废。幸亏司马光、杨畋等人力争苦谏，仁宗才出于顾全颜面而最终录取了苏辙。苏辙被任命为商州军事推官，但因其父亲苏洵年事已高，又被任命修《太常因革礼》一书，其兄苏轼考中制科第三等被任命为凤翔府签书判官，故苏辙乞求留京照顾父亲，并未上任。

屡次质疑青苗法

宋神宗熙宁二年（1069），苏轼、苏辙兄弟为苏洵守丧期满，回到京城。时王安石为参知政事，与枢密院陈升之共同设立了制置三司条例司，开始熙宁变法。三月，苏辙上书论事，召对延和殿，遂命苏辙为制置三司条例司检详文字（三司条例司之僚属）。王安石急于财利，吕惠卿则附和王安石，而苏辙的观点和他们多有抵牾。

王安石拿出青苗法让苏辙"熟议"，并说："有不便，以告无疑。"苏辙是老实人，遂以自己的观点告知王安石："以钱贷民，使出息二分，本以救民，非为利也。然出纳之际，吏缘为奸，虽有法不能禁；钱入民手，虽良民不免妄用；及其纳钱，虽富民不免逾限（超过期限）。"并竭力推崇中唐刘晏理财之法："有贱必籴（dí，买入），有贵必粜（tiào，卖出），以此四方无甚贵、甚贱之病，安用贷为（哪用贷款）？"王安石听后说："君言诚有理，当徐思之（慢慢想想此事）。"此后一个多月，王安石未谈青苗法之事。

正在此时，河北转运使判官王广廉以乞度僧牒的数千钱为本钱，在陕西漕司私行青苗法，春散（贷出）秋敛（收回）。这正合了王安石的心意，于是青苗法就在全国推行。王安石派遣众多使者到各地去"访求遗利"。朝廷内外许多人明知迎合王安石必定会出麻烦，但都不敢明言。在众人缄口不言时，苏辙去面见陈升之，将青苗法的推广比之于嘉祐年间遣使宽恤诸路，认为是"为天下笑"的荒唐事；接着又上《制置三司条例司记事状》，对新法提出批评，力陈不可在全国推行青苗法，并请求辞去职务。王安石对此大怒，将加罪于苏辙，后因陈升之制止而作罢。苏辙又上书曰："每于本司商量公事，动皆不合。"特申请调任。神宗问如何安置苏辙，曾公亮上奏，神宗同意，于是苏辙被调任为河南府留守推官。

苏辙在青苗法问题上与王安石意见不合，并且多次直接向王安石表明青苗法不可行，因此惹恼了大权在握的王安石。苏辙清醒地知道，自己再在制置三司条例司干下去，不会有好果子吃，于是明智地选择了退出。苏辙虽暂时回避了和新法的正面冲突，但他最终仍未能逃脱这场政治斗争带给他的麻烦：当其老兄苏轼因"乌台诗案"被下狱贬官时，他也受牵连而被贬官。

贬黜奸佞

宋神宗熙宁三年（1070），王安石为相，掌握政府大权，全面推行新法，并将反对新法的司马光等人贬出朝廷，相继起用了曾布、章惇等人。熙宁七年（1074）王安石罢相时，推荐韩绛为相，吕惠卿为参知政事，章惇、曾布等受命继续根究市易司事。而这些人多谋私利，推行新法甚不得力，政局出现极大困难。无奈之下，神宗只好请王安石二次出山。熙宁八年（1075）二月，王安石复出为相，但吕惠卿、章惇等人不但不协助王安石推行新法，反而打击排挤王安石，致使改革无法推进。熙宁九年（1076）春天以后，王安石屡次提出辞职。至十月，王安石二次罢相，出知江宁府，逐渐淡出政治舞台；而韩缜、蔡确、章惇、吕惠卿等人相继控制朝政，继续推行新法。但王安石所强调的"摧制兼并"政策推行显见不力，弊政丛生。熙宁变法前后推行了十八年，虽也在某些方面有所收益，但对造成宋王朝积贫积弱局面的根本问题并未触及，未能使当时的统治制度发生大的变化。同时，由于王安石之后的新法推行者争权谋私，使社会矛盾进一步激化。元丰八年（1085），神宗死，哲宗即位，宣仁太后临朝听政，起用旧党。司马光执政后，遂将蔡确、章惇、吕惠卿等人一一贬黜。

宋哲宗元祐八年（1086），苏辙由秘书省校书郎升为右司谏。司谏是谏官之职，对于百官的考核、进退均有发言权。苏辙充分利用手中的职权，努力为朝廷清除奸佞之臣。

当时，宣仁太后临朝听政，起用司马光、吕公著等人，"欲除弊事，而旧相蔡确、韩缜，枢密使章惇皆在位，窥伺得失，辙皆论去之"。这一年的闰二月，苏辙即上《乞罢左右仆射蔡确韩缜状》，不久，蔡确被罢为观文殿大学士知陈州；又有《乞罢蔡京知真定府状》，蔡京先被罢知开封府出知成德军；五月，又有《论蔡京知开封府不公第五状》；对于韩缜，苏辙多次上奏，先有《乞罢右仆射韩缜札子》，后有《乞责降韩缜第八状》，同年四月，韩缜被罢知颖昌府；对于枢密使章惇，苏辙有《乞罢章惇知枢密院状》，章惇被罢知汝州；吕惠卿更是一个反复无常的小人。他开始媚附王安石，对推行新法十分卖力；熙宁七年（1074）王安石第一次辞去宰相时，推荐他为参知政事。熙宁八年（1075），王安石复相后，吕惠卿不择手段地打击和陷害王安石，把王安石当成仇敌。对此，世人十分厌恶他的所作所为。哲宗上台，宣仁太后临朝听政，起用司马光等人，吕惠卿这个风派人物，自知不免被罢黜，于是主动要求"乞宫观以避贬窜"。苏辙多次上疏，以论其奸。五月，苏辙有《乞诛窜吕惠卿状》；六月，又有《再乞罪吕惠卿状》，吕惠卿被责知台州；不久，又有《论吕惠卿第三状》，吕惠卿再贬为建武军节度副使，建州安置，且"不得签书公事"。

此外，苏辙对知枢密院安焘等人也都有请求罢黜的表状。苏辙对这些新法执行者中的佞臣毫不宽恕，力主将他们贬出权力机关，的确表现了一种嫉恶如仇的精神。当然，哲宗亲政后，又行"改革"，这些落水的新法派人物，又重新上台执政，章惇、吕惠卿之流对苏轼、苏辙兄弟一贬再贬，必欲置之死地而后快，也就不难理解了。

坚决反对"调停"

哲宗即位，宣仁太后临朝听政，起用旧党，尽废新法，并对执行新法的人多加贬斥。经过五年左右的时间，局面趋于稳定。但元丰党人（变法派）仍分布中外，并且时常制造舆论，以期动摇旧党的统治。当时的宰相吕大防、刘挚对此十分忧虑，于是就打算适当起用这些人，以此来平息"夙怨"，并称之为"调停"。可见，所谓"调停"，即是调和，以此来缓解新旧党之间的矛盾。对此，宣仁太后疑而未决。苏辙对此办法十分不满，不但"面斥其非"（当面指责宰相），并且上疏曰："亲君子，远小人，则主尊国安；疏君子，任小人，则主忧国殆，此理之必然。未闻以小人在外，忧其不悦而引之于内，以自遗患也。故臣谓小人虽不可任以腹心，至于牧守四方，奔走庶务，无所偏废可也。若遂引之于内，是犹患盗贼之欲得财，而导之于寝室；知虎豹之欲食肉，而开之以坰（jiōng）牧（野外牧场），无是理也。且君子小人，势同冰炭，同处必争。一争之后，小人必胜，君子必败。何者？小人贪利忍耻，击之则难去；君子洁身重义，沮之则隐退。"极言君子小人不可共处之理。如"调停"将"小人"弄到朝廷，无异于引狼入室。

上疏接着又说，对于神宗时的用事之臣（即新法派），"今朝廷虽不加斥逐，其势亦不能复留矣。尚赖二圣（哲宗和宣仁太后）慈仁，宥之于外，盖已厚矣。而议者惑于说（被他们的邪说所迷惑），乃欲招而纳之，与之共事，谓之'调停'。此辈若返，岂肯但已（只止于此）哉？必将戕害正人，渐复旧事，以快私忿。人臣被祸，盖不足言，臣所惜者，祖宗朝廷也。惟陛下断自圣心，勿为流言所惑，勿使小人一进，后有噬脐之悔，则天下幸甚"。意思是说，对于新法派人物，朝廷对他们已经很宽容、仁慈了。但他们只能在"外"，万不可返"内"。若招而纳之，后患无穷。

苏辙的"疏"入奏，宣仁太后命宰臣读于帘前。听后说："辙疑吾君臣兼用邪正（忠、奸；君子，小人），其言极中理。"苏辙的意见，得到宣仁太后的首肯。因为哲宗当时只是傀儡，宣仁太后大权在握。宣仁太后认为苏辙讲得很有道理，诸臣也就"从而和之"，于是"调停"之说也就销声匿迹。

北宋中后期的新旧党争，归根结底是执政路线之争。新旧两党，势如水火，你上台整我，我上台整你；台上人快意，台下人不满，此势之必然。吕大防等人因怕新法派人物不高兴就想用"调停"之法来调和矛盾，那是根本不可能的，也是不可取的。假如我们抛开所谓"革新"与"保守"的观念不说，仅以政治斗争而论，苏辙的意见不无道理。

上疏论政被贬官

元祐六年（1091），三省要任命李清臣为吏部尚书，苏辙认为不可。宣仁太后以"缺官"为由仍想用李清臣等，苏辙谏曰：李清臣等人"非有大恶，但昔与王珪、蔡确辈并进，意思与今日圣政不合""使党类互进，恐朝廷自是不安静矣"。就是说，李清臣等是神宗时的新党人物，与如今的政见不合，若加进用，朝廷将不得安宁。宣仁太后采纳了苏辙意见，进用李清臣等人之事遂止。

元祐八年（1093）九月，宣仁太后死，哲宗亲政。太后听政期间，朝政取决于太后，废除新法，不以哲宗为意，哲宗完全处于无权地位。

太后一死，礼部尚书杨畏即上疏，请哲宗继承其父神宗的法制，称赞王安石变法，并请求召回章惇、吕惠卿、安焘、李清臣等人。绍圣初，哲宗即起用李清臣为中书舍人，邓润甫为尚书左丞。此二人因久放外任，不得志，心怀不满，于是就向哲宗谈神宗熙宁、元丰年间新法之事以激怒哲宗。此时，正赶上进士廷试，李清臣便撰写策题，有意诋毁元祐之政。对此，苏辙认为是异端邪说，上疏谏陈："伏见御试策题，历诋近岁行事，有绍复熙宁、元丰之意。"接着又在肯定神宗功德的同时，指出："至于其他，事有失当，何世无之？父作之于前，子救之于后，前后相济，此则圣人之孝也。"认为神宗做得不对之处，哲宗予以补救，此乃"孝"举，应该坚持，即力主继续实行元祐更化，反对重行新法。并举汉武帝和汉昭帝的例子说事："汉武帝外事四夷，内兴宫室，财用匮竭，于是修盐铁、榷沽（què gū，酒类专卖）、均输之政，民不堪命，几至大乱。昭帝委任霍光，罢去烦苛，汉室乃定……愿陛下反覆臣言，慎勿轻事改易。若轻变九年已行之事，擢任累岁不用之人，人怀私忿，而以先帝为辞，大事去矣。"

据《宋史·本传》记载："哲宗览表，以为引汉武方（比）先朝，不悦。落职知汝州。居数月，元丰诸臣皆会于朝，再责知袁州。未至，降朝议大夫，试少府监，分司南京（今河南商丘），筠州居住。三年，又责化州别驾，雷州安置，移循州。"其实，哲宗览表"不悦"，苏辙一贬再贬，并非因为他在上表中以汉武比神宗，而在于他反对哲宗起用李清臣、章惇、吕惠卿等神宗旧臣，全盘否定"元祐更化"，复行新法。哲宗要用神宗旧臣再行新法，苏辙坚决反对哲宗"轻变九年已行之事"，即反对哲宗起用新党，这就在执政理念上与皇上发生了根本冲突。加之"元丰诸臣皆会于朝"，"新党"已重新上台执政，苏辙被作为元祐旧党的代表人物被一贬再贬，也就是情理之中的事了。

恬静淡泊度晚年

宋哲宗绍圣元年（1094），苏辙因上疏论政被贬知袁州，筠州居住。因其有政绩，故当他被罢去之时，"父老送者皆呜咽流涕，数十里不绝"（孙汝听《苏颍滨年表》）。绍圣四年（1097），三省又认为苏辙等"为臣不忠""罚不称愆（qiān，罪）"，于是再贬为化州别驾，雷州安置；元符元年（1098），又有诏移其于循州安置。苏辙到循州，先寓居于城东之圣寿寺，后又尽囊中所有买下民居大小十间。院子的北墙下有空地可以种蔬菜，有井可以灌溉。苏辙与其第三子苏逊"荷锄其间"。当地有官宦人家黄氏，苏辙时至其家借书阅读。元符三年（1100），哲宗死，徽宗即位，大赦天下，苏辙被量移永州安置。后又授濠州团练副使，移居岳州。不久，又授大中大夫，提举凤翔府上清宫。因其有田产在颍昌府（即今河南许昌），于是就居住在这里。就是说他并未到凤翔府上任，只是有此官职而已。按苏辙自己的说法："家本眉山，贫不能归，遂筑室于许（即颍昌）。"

苏辙筑室于许，自号颍滨遗老，自作《颍滨遗老传》万余言。徽宗建中靖国元年（1101），奸佞蔡京当政。降苏辙为朝议大夫，罢去其提举凤翔府上清宫之职。此后苏辙一直住在颍昌。大观二年（1108），朝廷恢复了他朝议大夫之职，又迁中大夫。政和二年（1112）九月，又由中大夫转为大中大夫，并于此时致仕。但一个月后，苏辙即与世长辞了。

据《苏颍滨年表》载："颍昌当往来之衢（四通八达之处），辙杜门深居，以著书为乐，谢却宾客，绝口不说时事，意有所感，一寓于诗，人莫能窥其际。"据《宋史·本传》载："（辙）筑室于许，号颍滨遗老，自作传万余言，不复与人相见，终日默坐，如是者几（将近）十年。"苏辙自己在《颍滨遗老传》中也说："凡居筠、雷、循（州）七年，居许六年，杜门复理旧学，于是《诗》《春秋传》《老子解》《古史》四书皆成。尝抚卷而叹，自谓得圣贤之遗意，缮书而藏之。"由此可见，苏辙晚年，虽一直挂着不同的官衔，也移居多处，但其生活的常态则始终是"杜门深居"，"谢却宾客，绝口不说时事"而"以著书为乐"。历尽政治磨难之后，苏辙似乎是有点大彻大悟了，远离时事，远离世人，几乎是把自己封闭起来，一心读书著书，恬静淡泊，度过了他十几年的晚年生活。

步入政坛，先因反对青苗法与王安石不合；元祐秉政，力斥章、蔡，不主调停；议回河、雇役之事，又与文彦博、司马光等人异同；与西夏边事之谋，又与吕大防、刘挚不合……这样一位积极从政、直言极谏之人，为何一转而为远离时事，"不复与人相见"？原因大体有三：一是政治原因。北宋末年，党争剧烈，政局腐败，奸佞当道，自己屡遭挫折，一贬再贬，使他对政治失去信心，失去热情，转而厌恶丑恶的官场，避之唯恐不及。二是思想原因。苏辙虽一生以儒家思想为主，但晚年辞官家居，笃信佛、老，喜谈性理，大有将道家的玄学、佛家的禅学和儒家的理学合而为一的趋势。连南宋的朱熹都说："（苏辙）合吾儒于老子，犹以为未足，又并释氏而弥缝之。"三是性格原因。《宋史·本传》称其"性沉静简洁""寡言鲜（少）欲""不愿人知之"。生性沉静内敛，不愿张扬。这也是他能恬静淡泊，乐于生活在一人世界中的重要原因。

鲜为人知的家事

《宋史·苏辙传》之"论"曰:"辙与兄进退出处,无不相同,患难之中,友爱弥笃。无少怨尤,近古罕见。独其齿爵皆优于兄……"此论说及苏氏兄弟的人生遭际和友情,确为的论;说及苏辙在齿(年龄)和爵(官位)方面皆优于苏轼,也是事实:苏轼活了六十六岁,而苏辙活了七十四岁;苏轼最高官职是吏部尚书,属部级干部;而苏辙官至门下侍郎,相当于副宰相,当然属副总理级干部。但我们要补充一点的是:苏辙的家事却远没有像其兄那样尽人皆知。

先说夫人。其兄苏轼一生正式娶王弗姐妹为妻。发妻王弗虽然早逝,但苏轼的一首《江城子·乙卯正月二十日夜记梦》就让她芳名远扬;继室王闰之虽多不为人注意,但苏辙的两篇祭嫂文,也使她小有名气;更不用说他的爱妾王朝云,那更是和苏轼的名字不可分割的;而苏轼的妻妾又都死于苏轼之前,她们都有苏轼为之撰写的碑志、祭文及诗词,使她们传之不朽。至于东坡与妓女往来的逸事,更是历来好事者之谈资。这方面,苏轼的故事很多,几乎成为人们一提到苏轼就必谈的内容之一。而苏辙在这方面只能是"望兄兴叹"了。他不但没有任何风流韵事和绯闻,而且连其正妻史氏也默默无闻。这位曾经的副宰相夫人不但没有抛头露面,连姓氏也鲜为人知。且她去世于苏辙死后五年,即徽宗政和七年(1117)三月,无名人撰写的纪念文字留下。所幸者有二:一是和苏辙同葬于汝州郏城县上端里,做到了"死则同穴";二是到了南宋高宗绍兴中期,以其长子苏迟官至大中大夫、工部侍郎、徽猷阁待制而被追封为楚国太夫人,得了一个连她自己都永远不可能知道的虚名。

再说子女。苏轼和苏辙虽都有三个儿子，但人们知道苏轼儿子者多，知苏辙儿子者寥寥。苏轼有三子：苏迈、苏迨和苏过。苏迈虽只做过县尉和雄州防务推官等小官，但因他父亲的一篇名作而广为人知。苏轼在其《石钟山记》中写道："元丰七年六月丁丑，余自齐安舟行适临汝，而长子迈将赴饶之德兴尉，送之至湖口，因得观所谓石钟山者。"原来这篇被誉为东坡第一记的名作是苏轼因送苏迈上任有缘得见石钟山，并由苏迈陪伴，父子月夜"乘小舟至绝壁下"，实地考察后写出此文。人们读东坡必读此文，读此文必知苏迈。苏迨和苏过虽都只做过承务郎等小官，但苏过声名远扬。他不但陪伴他的老爹度过了英州、惠州和儋州这些极其困难的岁月，而且直到苏轼病故、埋葬，均由苏过料理。苏过还是小有名气的散文家，有《斜川集》二十卷传世，时称小东坡。后人提及眉山苏氏，尝有"文章四大家"之说，这与"三苏"并提的即是苏过。苏辙也有三个儿子：苏迟、苏遁和苏逊。除苏迟于南宋高宗绍兴年间官职较高外，苏遁只做过承议郎，苏逊只做过奉议郎，且默不为人知。但苏辙所幸者有二：一是苏辙有五个姑娘，可谓儿女双全，苏轼则无女儿；二是苏辙的三个儿子一共给他生了九个孙子，可谓人丁兴旺，这也是苏轼所不及的。

苏轼历尽劫难后，很快就辞世了；苏辙晚年政治上虽无作为，但平静地度过了十多年读书著书的岁月。人生在世，福祸寿夭多不由己，命也夫！

"养气"为文

苏辙一生并未写出专门论文的文章，也没有形成自己完整系统的文学理论。然而，他所提出的"养气"说，却颇有新意。"养气"之说，始于孟子："敢问夫子恶乎长？曰：'我知言，我善养吾浩然之气。'"（《孟子·公孙丑上》）此后，唐代的韩愈明确提出"养气"说，他把"气"和"文"比作水和水上浮物，提出了"气盛则言之短长与声之高下者皆宜"。这就是著名的"气盛言宜"之说。孟子和韩愈都提出了"气"的概念，都注意到了"养气"和为文之间的关系。但对如何"养气"，孟子和韩愈都语焉不详，而苏辙对此作了进一步探讨，提出了颇有启发性的见解。

最集中体现苏辙"养气"说的是其《上枢密韩太尉书》一文，枢密韩太尉是指枢密使韩琦（因宋代的枢密使和汉代的太尉都是掌管兵权的）。宋仁宗嘉祐二年（1067），十九岁的苏辙与其兄苏轼同榜考中进士。为了得到韩琦的引荐，遂写此文。这虽是一篇干谒文字，也不免有阿谀、浮夸气息，但绝对不同于一般空洞无物的干谒文字。文章以绝大部分篇幅论述了"文者气之所形"的道理和如何"养气"的途径。

文章开头即提出"文者气之所形，然文不可以学而能，气可以养而致"的观点。接着，就举孟子之文"宽厚宏博"和司马迁之文"疏荡，颇有奇气"为例，说明他们二人之所以文章写得好，并非因为他们学过写这样的文章，而是由于他们周览四海名山大川，与豪俊广泛交游，故"其气充乎其中，而溢乎其貌，动乎其言，而见乎其文"。再接下去，就直接联系到自己，现身说法。他说自己在眉山老家生活了十九年，所游者"不过其邻里乡党之人"，所见者"不过数百里之间"；虽对百氏之书无所不读，但那只不过是"古人之陈迹"，皆"不足以激发其志气"。为"求天下之奇闻壮观，以知天地之广大"，他随父兄出川至京。一路及至京的见闻，使自己大开眼界："过秦、汉之故都，恣观终南（山）、嵩（山）、华（山）之高，北顾黄河之奔流，慨然想见古之豪杰；至京师，仰观天子宫阙之壮,与仓廪、府库、城池、苑囿之富且大也,而后知天下之巨丽;见翰林欧阳公(修),听其议论之宏辩,观其容貌之秀伟,与其门人贤士大夫游,而后知天下文章聚乎此也。"即是说,通过自己的经历,才真正体会到何为"气"和如何"激其志气"。自己的经历印证了孟子、司马迁之所以能"气盛言宜"的道理。文章最后归结到"犹以未见太尉"为憾。自己现在要回家等待吏部选派官职,多有空暇时间,望"太尉苟以为可教而辱教之",表明了干谒之本意。

苏辙的所谓"气",主要是指作家的思想、精神状态,即在作品中表现出来的意气。他认为"气"不是先天赋予的,也不是只靠读书就可以学到的,而要靠后天有意识地培养。而"养气"的主要途径就是游览名山大川,交结社会名流,增加社会阅历。他所说的"气充乎中而溢于外",与韩愈所说的"气盛言宜"含义大同;他所说的"文不可学而成",又与其父、兄所谓"未尝有作文之意"相近。但他"激其志气"的具体途径,则是主张创作要与社会实践密切结合,要在读书和与社会广泛接触之中来"养气",通过名山大川等自然景观的陶冶和丰富的社会实践的历练,才有可能意气风发,写出气理兼盛的好文章。他的这一观点,比起孟子"三省吾身"的"养气"和韩愈的"行之乎仁义之途,游之乎诗书之源"的"养气"来,显然是更明确、更具体,更具可操作性,也更接近我们今天强调作家要深入实践的思想。从这个意义上来说,苏辙的"养气"说是对孟子、韩愈等人理论的发展,具有积极的理论意义和实践价值。

"适意为悦"的人生态度

苏辙与其兄苏轼生于北宋新旧党争激烈的时代，一生都未能逃脱政治斗争的旋涡。他们虽都有过"居庙堂之高"的辉煌时刻，但一生中多处逆境。逆境，人的一生总是难免的；但多处于逆境，总会让人不快。人们又说：逆境成才，逆境是对人最好的磨炼。这些话都有道理，但前提是人必须能以乐观的心态、积极的人生态度去面对和战胜逆境给自己带来的种种困苦和考验。苏氏兄弟可以说是做到了"不以物喜，不以己悲"，以超脱、旷达的胸怀战胜了逆境，成就了非凡的人生。

宋神宗元丰二年（1079），苏轼因"乌台诗案"入狱，苏辙上书愿以自己的官职为兄赎罪，朝廷不准。后苏轼被贬为黄州团练副使，苏辙也受牵连被贬为监筠州盐酒税。兄弟二人，同处政治上之低谷。元丰三年（1070）苏轼被贬黄州，暂住定慧院；次年，迁居于临皋亭，其地濒临长江，江南诸山连绵，涧谷深密。每当"风止日出，江水伏息"之时，苏轼便"杖策载酒，乘渔舟"渡江，与山中朋友嬉游，往往"意适忘返"而"留宿于山上"。然而山间只有羊肠小道，途中只有一个小平台，"游者至此必息"，在此观赏风景。这里有个废亭，遗址甚狭，没法多人同时在此游览，其周围全是大树。忽然有一天，大雷雨拔掉了一棵树，于是苏轼就与众"驴友"入山，共同修建了一个亭子，名叫九曲亭。元丰五年（1082），亭成，苏辙为写《武昌九曲亭记》一文。此记主要记叙苏轼重修武昌九曲亭的由来，而其主旨则在阐发苏轼"适意为悦"的思想情趣。文章在叙写修亭和追述自己与其兄青少年时游山玩水的情况之后，又写道："盖天下之乐无穷，而以适意为悦。"意思是说，天下的乐事很多，而以合乎自己的心意为最快乐，这就是苏轼的快乐观。此文虽为一篇题记，但目的是赞扬其兄"以适意为悦"的情趣、旷达的人生态度和光明磊落的人品。苏轼能在政治上失意之后于山水中自得其乐，表现了其旷达的胸怀和洒脱的风度，而苏辙对其老兄的处世态度和磊落品德的赞扬，也十分清楚地表明了自己也有同样的胸怀和志趣。

元丰六年（1084），苏辙又写下了其名作《黄州快哉亭记》。当时苏轼和张梦得都谪居黄州，张梦得在其住所的西南修建一亭，以观江流之胜。苏轼为亭取名"快哉"，苏辙又为之写了这篇题记。文章从亭的建造和命名写起，极力渲染江景的壮观以及观览江景、凭吊古迹之快意。然其主旨在最后一段的议论文字："士生于世，使其中（内心）不自得，将何往而非病（忧愁、苦恼）？使其中坦然，不以物伤性（不使身外之物伤害其本性），将何适（到什么地方）而非快（不快意）？"即是说，只要人的内心坦然，就可以无往而不快意。文章所写江景之壮观和览景之快意，充满一种笼罩天地的雄伟之气，令人读后心胸旷达，宠辱皆忘。文章对张梦得和苏轼被贬黄州后"不以物伤性"的乐观、旷达情怀和超然的生活态度表示了仰慕和赞赏，这是对张梦得和苏轼的宽慰，同时，也是作者的一种自慰。当然，这种超脱和旷达的背后，无疑也表现了作者对政治失意后的一种牢骚与不平。这也正是柳宗元所谓"嬉笑之怒，甚乎裂眦（zì）"之意。

这两篇文章，一讲"适意"，一讲"快哉"，其实都体现着随遇而安的意思，人在逆境中能够做到"随遇而安"，自得其乐，这的确需要很深的修炼工夫，而苏轼做到了。至于苏辙，在人们的印象中，远不及其兄旷达。这印象总的来说是不错的，但人们往往忽略了一点：苏辙深受其兄苏轼的影响，其基本的人生态度，也是以"适意为悦"。难兄难弟在这一点上是共同的。苏辙也最了解其兄苏轼，苏轼曾说过"四海相知惟子由",足见兄弟之间心心相印,气息相通,互为真正之知己。

"乌台诗案"后的几年。苏轼兄弟政治上失意,生活上困窘,但也正是这几年,是其兄弟步入仕途后往来最多、情感交流最充分的时期。共同的遭遇,共同的思想情怀和人生态度,使他们在"适意"和"快哉"中度过了这段艰难的岁月。

文章优劣任评说

苏辙在北宋文坛上驰骋了数十年,留下了丰富的文学作品。其议论文《六国论》《历代论》《三国论》等,均能有理有据,争出新意;其书、序文优于议论文,《上枢密韩太尉书》《为兄轼下狱上书》《答黄庭坚书》等,均写得感情充溢,神理自铸;记叙文是苏辙的拿手好戏,《黄州快哉亭记》《武昌九曲亭记》等均为其集中之上乘文字,均写得景物如画,情趣盎然。

历来人们评论小苏之文,多喜与其父、兄比较,且见仁见智。清人袁枚认为"三苏之文,如出一手,故不得判而为三"。他是只见其同,未见其异。《宋史·苏辙传》称其文"论事精确,修辞简严,未必劣于其兄"。明人刘大櫆也说:"议者谓其汪洋澹泊,深醇温粹,似其为人,文忠(苏轼)亦尝称之,以为实胜于己,信不诬也。"这些说法显然有拔高小苏之嫌。明人茅坤说:"子由之文,其奇峭处不如父,其雄伟处不如兄,而其疏宕婀娜处,亦自有一段烟波,似非诸家所及。"此说较为实事求是。但对小苏文讲得最透彻者,莫过于其兄苏轼。苏轼在《答张文潜书》中称子由之文"汪洋澹泊,有一唱三叹之声,而其秀杰之气,终不可没"。的确,小苏之文不及其师欧阳修之平易婉曲、声情摇曳,不及其父之纵横驰骋、气势雄伟，也不及其兄之挥洒自如、行云流水，然其既受欧阳修纡徐委备、条达疏畅的影响，又受其父兄雄放、自然的影响，形成自己独特的文风，自立于唐宋八大家之林。

然而，对于苏辙入选"唐宋古文八大家"，历来有不同的声音，如清代袁枚，对"八大家"中唐代只占两席，对宋代六大家中苏氏占了一半很有意见，认为"三苏之文，如出一手，故不得判而为三"，其言外之意，不无想排除苏辙之意。而对苏辙入选意见更为激烈的是清代的刘开。他说："且夫八家之称何自乎？自归安茅氏（茅坤）始也。韩退之之才，上追扬子云，自班固以下皆不及。而乃与苏子由同列于八家，异矣！韩子之文，冠之八家之前而犹屈；子由之文，即次之八家之末而犹惭。使后人不足于八家者，苏子由为之也；使八家不远于古人者，韩退之为之也。"在他看来，八家中韩愈和苏辙差距太大，并称"大家"，让人不可理解。他气势汹汹，大有摘掉苏辙"大家"桂冠之意。

想把苏辙排除于"八大家"之外，意见虽很激烈，但毕竟是少数，并未得到学界和社会的广泛认可。我们说"八大家"之间的成就有悬殊，这是事实；但苏辙文章有自己突出的特点和成就，这同样是事实；我们再细数唐宋两代八家之外的古文家，无一人能和苏辙抗衡，这恐怕也是不争的事实。如此看来，如果唐宋两代的古文家中只给八把交椅的话，苏辙最不济也得坐在第八把上。

小档案

苏辙（1039—1112），字子由，眉州眉山（今四川眉山）人。苏洵之子，苏轼之弟，世称小苏。嘉祐二年（1057），年仅十九岁的苏辙，与兄同榜登科。他的仕途起伏大体与苏轼相近。晚年告老罢官，筑室于许昌，自号"颍滨遗老"。政和二年（1112）病逝，享年七十四岁。南宋时，追谥"文定"。

苏辙思想较为复杂，早年以儒为主，关心时事，关心民生；晚年辞官家居，笃信佛、老，喜谈性理，有将玄学、禅学和理学合一的趋势。

苏辙是唐宋八大家之一，在文学理论方面，提倡"养气"之说。其文众体兼长，尤长于记叙。其文章"汪洋澹泊，深醇温粹，似其为人。""汪洋澹泊，有一唱三叹之声；而其秀杰之气，终不可没。"茅坤在《苏文定公文钞引》中说："苏文定公之文，其镵削之思或不如父，雄杰之气或不如兄；然而冲和淡泊，遒逸疏宕，大者万言，小者数千言，譬之片帆截海，澄波不扬，而洲岛之芬错，云霞之蔽亏，日星之闪烁，鱼龙之出没，并席之掌上而绰约不穷者已，西汉以来别调也。"可见，苏辙的确是一位很有特色的作家。

苏辙名段名言

心不可乱，则利至而必知，害至而必察。（《上皇帝书》）

无事则深忧，有事则不惧。（《颍滨遗老传》）

盖天下之乐无穷，而以适意为悦。（《武昌九曲亭记》）